Brigitte Fandrich
Marie-Noëlle Chryssikos-Tournay

Sprachfallen
Französisch

Max Hueber Verlag

Ⓡ Dieses Werk folgt der seit dem 1. August 1998 gültigen Rechtschreibreform.

€ 3. 2.
2006 05 04 03 02 | Die letzten Ziffern bezeichnen Zahl und Jahr des Druckes.

Alle Drucke dieser Auflage können, da unverändert, nebeneinander benutzt werden.

1. Auflage 1999

Redaktion: Peter Süß, München
Umschlaggestaltung: Holger Latzel, München; Parzhuber & Partner, München
Zeichnungen: Katja Lechthaler, München
DTP: Satz + Layout Fruth GmbH, München
Gesamtherstellung: Ludwig Auer, Donauwörth
Printed in Germany
ISBN 3-19-003271-8

Inhaltsverzeichnis

Vorwort

Wenn Sie in Frankreich eine Kopierfolie kaufen wollen und nach einer *folie à copier* verlangen, dann könnte es leicht sein, dass man Zweifel an Ihrem Geisteszustand haben wird. Sie sind dann bereits in eine Sprachfalle getappt: Die *folie à copier* wäre nämlich keine *Kopierfolie*, sondern eine *Dummheit zum Nachmachen*. Um diese Schwierigkeiten in Zukunft zu vermeiden, ist dieses Buch die ideale Lektüre für Sie. Wir haben die Thematik der so genannten „Falschen Freunde" als leichte Kost für Sie aufbereitet. Die Sprachfallen sind meist in Satzbeispiele eingebaut, deren abwechslungsreiche Inhalte Sie einerseits zum Nachschlagen, andererseits zum Schmökern einladen.

Bei der Auswahl der Einträge haben wir uns an den potenziellen Fehlerquellen im Wortschatz der Standardsprache orientiert. Sie finden sowohl Sprachfallen, die die Kommunikation unmöglich machen, als auch solche, die die Verständigung stark beeinträchtigen.

Ein weiterer Akzent liegt auf dem Bereich „Scheinfranzösisch". Sie finden dazu eine deutsch-französische Wörterliste ab Seite 240. Unter „Scheinfranzösisch" sind all die Wörter zu verstehen, die im Deutschen sehr französisch wirken oder bei denen Sie glauben, mit einer französischen Aussprache die passende Vokabel parat zu haben. Genau das ist aber nicht der Fall, ganz im Gegenteil. Ihr Gegenüber würde Sie genauso ungläubig anblicken wie die Verkäuferin, von der Sie eine *folie à copier* verlangen.

Da sich das Buch primär an deutsche Muttersprachler wendet, haben wir auf Erläuterungen zu Bedeutungsnuancen im deutschen Teil sowie in zweifelsfreien Fällen auf Textbeispiele im französischen Teil verzichtet. Damit Sie sich besser orientieren können, ist bei bedeutungsreichen Einträgen in Klammern jeweils ein Oberbegriff angegeben.

Gegen Ende des Buches können Sie in einem Übungsteil prüfen, welche Sprachfallen Sie bereits im Griff haben. Eine alphabetische Liste der französischen Einträge rundet das Ganze ab. So können Sie die Sprachfallen auch jederzeit von einem französischen Wort ausgehend anpacken.

Unser Dank gilt vor allem Herrn Dr. Stefan Ettinger vom Sprachenzentrum der Universität Augsburg für die wertvollen bibliographischen Hinweise.

Wir wünschen Ihnen *Bon voyage!* durch die Welt der Sprachfallen, die Ihnen hoffentlich genauso viel Spaß macht wie uns die Zusammenstellung Ihres Reiseprogramms.

München, Februar 1999

Brigitte Fandrich
Marie-Noëlle Chryssikos-Tournay

Verzeichnis der Abkürzungen

Abkürzung	Deutsch	Französisch
a.	auch	*aussi*
Adj.	Adjektiv	*adjectif*
adj. Wend.	adjektivische Wendung	*locution adjective*
Adv.	Adverb	*adverbe*
adv. Wend.	adverbiale Wendung	*locution adverbiale*
etw.	etwas	*quelque chose*
f.	feminin	*féminin*
FF	Falsche Freunde	*faux amis*
FF	mit FF gekennzeichnete Wörter haben einen Eintrag in diesem Buch	*les mots marqués par FF figurent dans ce livre*
inv.	unveränderlich	*invariable*
iron.	ironisch	*ironique*
jdm.	jemandem	*à quelqu'un*
jdn.	jemanden	*quelqu'un*
m.	maskulin	*masculin*
n.	Neutrum	*neutre*
Pl.	Plural	*pluriel*
präp. Wend.	präpositionale Wendung	*locution prépositive*
qn.	jemanden	*quelqu'un*
s.	siehe	*voir*
s. a.	siehe auch	*voir aussi*
Sg.	Singular	*singulier*
ugs.	umgangssprachlich	*familier*
verb. Wend.	verbale Wendung	*locution verbale*
vulg.	vulgär	*vulgaire*
V. intr.	intransitives Verb	*verbe intransitif*
V. refl.	reflexives Verb	*verbe réfléchi*
V. tr.	transitives Verb	*verbe transitif*
*h.	aspiriertes h	*h aspiré*

abrupt Adj.
inattendu, e (Adj.); brusque (Adj.)

Wie hat dir der Film[FF] gefallen? – Es ging. Ich fand, er endete etwas abrupt.	*Le film[FF] t'a plu? – Ça allait. J'ai trouvé la fin un peu inattendue.*
Vermeiden Sie, um Ihre Wirbelsäule zu schonen, abrupte Bewegungen.	*Evitez les gestes brusques pour ménager votre colonne vertébrale.*

adrett Adj. / Adv.
avec soin (adv. Wend.); soigné, e (Adj.)

Sie ist immer adrett gekleidet.	*Elle est toujours habillée avec soin / d'une manière soignée.*

Affäre f.
1. (Skandal, kein FF) *scandale (m.); affaire (f.)*
2. (Problem, kein FF) *affaire (f.); problème (m.)*

Er macht aus allem eine Affäre.	*Il fait de chaque chose toute une affaire.*

3. (Liebschaft) *liaison (f.) (amoureuse)*

Die Affäre mit seiner Sekretärin hat ihn seinen Job gekostet.	*La liaison qu'il a eue avec sa secrétaire lui a coûté son poste[FF].*

Agent m.
1. (Spion) *agent secret (m.); espion (m.)*

Zwei Agenten des russischen Geheimdienstes sind aufgeflogen.	*Deux agents / deux espions des services secrets russes ont été démasqués.*

2. (Vermittler, kein FF) *agent (m.)*

Versicherungsagent	*agent d'assurances*
Agent eines Künstlers	*agent artistique[FF]; imprésario*

abrupt, e [abrypt] Adj.
1. (Geländebeschaffenheit) *steil; abschüssig; schroff*

Le sentier qui mène au sommet est très abrupt. Faites donc attention!	*Der Weg zum Gipfel ist sehr steil. Seid also vorsichtig!*

2. (Wesensart) *direkt; schroff; schonungslos*

Elle est très directe, je dirais même abrupte.	*Sie hat eine sehr direkte, wenn nicht sogar schroffe Art.*

adret [adrɛ] m.
(regionaler Gebrauch; Lage von Gebäuden) *Südseite; Südhang; Sonnenseite*

un chalet situé sur l'adret	*ein am Südhang / auf der Südseite gelegenes Landhaus*

affaire [afɛr] f.
1. (Angelegenheit) *Geschäfte; Dinge; Angelegenheit; Unterlagen*

Occupez-vous de vos affaires et laissez-moi en paix!	*Kümmern Sie sich um Ihre eigenen Angelegenheiten und lassen Sie mich in Ruhe.*
Mais qui a encore fouillé dans mes affaires?	*Wer zum Teufel hat schon wieder in meinen Unterlagen herumgewühlt?*

2. (negative Auswirkung) *Affäre; Krise; Problem; Sache*
3. (Wirtschaft) *Unternehmen; Betrieb; (gutes) Geschäft*

Je crois avoir fait une affaire en achetant cette villa sur la Côte d'Azur.	*Ich glaube, ich habe mit dem Kauf dieser Villa an der Côte d'Azur ein (gutes) Geschäft gemacht.*

agent [aʒã] m.
1. (Arbeitnehmer) *mittlerer (Verwaltungs-)Beamter; Makler; Agent* (s. links, 2. Bedeutung)
2. (Substanz) *Wirkstoff; (Inhalts-)Stoff*

Ce liquide vaisselle contient des agents nettoyants biodégradables à plus de 90 %.	*Dieses Geschirrspülmittel enthält bis zu 90 % biologisch abbaubare Inhaltsstoffe.*

agil Adj.
alerte (Adj.); ingambe (Adj.)

Wie geht es deinem Vater? – Ach, er ist für seine 80 Jahre noch recht agil.	*Comment va ton père? – Bien qu'il ait déjà 80 ans, il est encore très alerte / ingambe.*

Agitation f.
propagande (f.)

Agitation betreiben	*faire de la propagande*

s. a. agitieren

agitieren (für / gegen) V. intr.
faire de la propagande (verb. Wend.) (pour / contre)

Der Diktator agitierte massiv gegen die Oppositionsparteien.	*Le dictateur a fait énormément de propagande contre les partis de l'opposition.*

Akademiker m.
diplômé (m.) de l'enseignement supérieur

Von der Arbeitslosigkeit sind zunehmend auch Akademiker betroffen.	*Les diplômés de l'enseignement supérieur, eux aussi, sont de plus en plus touchés par le chômage.*

agile [aʒil] Adj.
1. (körperlich) *flink; gewandt; behände; gelenkig*

Cet enfant est agile comme un singe.	*Dieses Kind ist so flink wie ein Äffchen.*

2. (geistig) *rege; beweglich; vif*

agitation [aʒitasjõ] f.
1. (Bewegung) *reges / emsiges Treiben;* (Laub) *Umherwirbeln*

A la sortie des théâtres[FF], il y a subitement de l'agitation sur les grands boulevards.	*Kaum sind die Theatervorstellungen zu Ende, herrscht auf den großen[FF] Boulevards ein reges Treiben.*

2. (Befindlichkeit) *Unruhe; Erregung; Erregtheit*

Son agitation augmentait avec la fièvre.	*Mit steigendem Fieber wurde der Kranke immer unruhiger.*

3. (politisch) *Unruhe; Aufruhr*

L'agitation ouvrière ne cessait pas malgré les accords[FF] signés par le gouvernement, les patrons[FF] et les syndicats.	*Trotz der von der Regierung, den Arbeitgebern und den Gewerkschaften unterzeichneten Abkommen nahm die Unruhe unter den Arbeitern kein Ende.*

agiter [aʒite] V. tr.
sich wiegen; bewegen (hin und her); schütteln

Le vent d'automne agitait les branches des arbres et les feuilles tourbillonnaient. Agiter avant utilisation.	*Die Zweige der Bäume wiegten sich im Herbstwind und die Blätter wirbelten umher.* *Vor Gebrauch schütteln.*

académicien [akademisjɛ̃] m.
Mitglied der «Académie française»

Les académiciens, les immortels comme on les appelle, rédigent le dictionnaire de l'Académie française.	*Die Mitglieder der «Académie française», die Unsterblichen, wie sie auch genannt werden, verfassen das «Dictionnaire de l'Académie française».*

akademisch Adj.
universitaire (Adj.); in der Bedeutung „akademisches Viertel“ muss eine Umschreibung gewählt werden (siehe 2. Beispiel)

Auch wenn man einen akademischen Abschluss hat, weiß man deswegen noch lange nicht alles.	*Ce n'est vraiment pas parce qu'on est en possession d'un diplôme universitaire que l'on sait tout.*
Beginnt die Vorlesung mit dem akademischen Viertel? – Nein, sie beginnt sine tempore.	*Est-ce que le cours magistral commencera avec un quart d'heure de retard comme il est d'usage dans les universités allemandes? – Non, il commencera à l'heure.*

Akkord m.
1. (Musik, kein FF) *accord (m.)*
2. (Arbeitswelt) *travail (m.) à la pièce / aux pièces.*

Die Arbeit im Akkord ist äußerst anstrengend.	*Le travail à la pièce / aux pièces est extrêmement pénible[FF].*

Akkord

accord

académique [akademik] Adj.
Verwaltungsbezirk im französischen Bildungswesen, meist in der Verbindung inspection académique *(Schulaufsichtsbehörde).*

C'est l'inspection académique qui nomme les professeurs de lycée.	*Die Gymnasiallehrer werden von der zuständigen Schulaufsichtsbehörde ernannt.*

accord [akɔr] m.
1. *Einvernehmen; Eintracht; Einigkeit; Harmonie*

L'accord entre les collègues[FF] laisse à désirer; il n'y a pas un jour sans querelles.	*Das Einvernehmen unter den Kollegen[FF] lässt zu wünschen übrig; es vergeht kein Tag ohne Streitereien.*

2. *Zustimmung; Billigung*

Pour que l'entreprise puisse être vendue, il faut l'accord des actionnaires.	*Der Verkauf des Unternehmens bedarf der Zustimmung der Aktionäre.*

3. (Jura) *Vereinbarung; Abkommen; Übereinkunft*

Les accords de coopération signés par les deux grands groupes ont trouvé un large écho dans la presse.	*Das Kooperationsabkommen zwischen den beiden Großkonzernen fand in der Presse ein reges Echo.*

4. (Farben) *Harmonie* (oft verbal ausgedrückt)

L'accord des couleurs de sa robe n'est pas très heureux.	*Die Farben ihres Kleides sind nicht sehr harmonisch aufeinander abgestimmt.*

5. (Grammatik) *Veränderlichkeit* (Partizip); *Angleichung* (Adj., Verb)

La règle de l'accord du participe passé a désespéré plus d'un élève.	*Über den Regeln zur Veränderlichkeit des französischen Partizips Perfekt ist schon so mancher Schüler verzweifelt.*

akquirieren V. tr.
démarcher (V. tr.)

Kaum ein anderer hat dem Unternehmen so viele Kunden gebracht – er ist wirklich ein Meister im Akquirieren.	*Personne d'autre que lui n'a apporté autant de clients à l'entreprise: démarcher, c'est son affaire[FF].*

Akquisition f.
démarchage (m.); acquisition (f.)

Wie kann man diesen schüchternen und introvertierten Menschen nur in der Akquisition einsetzen!	*Quelle idée d'avoir chargé ce timoré introverti du démarchage / d'avoir mis ce timoré introverti au service acquisition!*

Durch den Einfluss des Englischen auf die französische Sprache ist *acquisition* immer häufiger in dieser Bedeutung anzutreffen; bisher galt sein Gebrauch als veraltet.

Akt m.
1. (Handlung) *action (f.); cérémonie (f.)*

Den Hungernden in Afrika zu helfen, ist ein Akt der Menschlichkeit. Zahlreiche Diplomaten wohnten dem feierlichen Akt der Einweihung bei.	*Aider les populations qui, en Afrique, souffrent de la famine est une action humanitaire.* *De nombreux diplomates ont assisté à la cérémonie / aux cérémonies d'inauguration.*

2. (Kunst) *nu (m.)*

Hast du schon das große[FF] Gemälde im Foyer gesehen? – Du meinst den Akt? – Ja. Ich finde die Darstellung eines nackten Körpers an einem solchen Ort etwas deplatziert.	*Tu as déjà vu le grand tableau qui orne le hall d'entrée? – Tu veux dire le nu? – Oui, c'est ça. Je trouve que c'est un peu déplacé de mettre à un tel endroit une œuvre représentant un corps nu.*

3. (Verwaltung, kein FF) *acte (m.)* (*administratif*)
4. (Büro, Ablage; im Deutschen meist Pl.) *dossier (m.)*
5. (Theater, kein FF) *acte (m.)*

acquérir [akerir] V. tr.
1. (finanziell) *erwerben; kaufen*

A une vente aux enchères, il a acquis de précieux manuscrits.	*Bei einer Versteigerung hat er wertvolle Manuskripte erworben.*

2. (abstrakt) *erwerben; sich aneignen; erlangen;* s. a. acquisition, 2. Bedeutung

acquisition [akizisjõ] f.
1. (finanziell) *Erwerb; Kauf*

Paul a fait une mauvaise acquisition en achetant cette voiture d'occasion.	*Mit diesem Gebrauchtwagen hat Paul einen schlechten Kauf gemacht.*

2. (abstrakt) *Erwerb*; *Aneignung; Erlangen*

L'acquisition de connaissances en langues est aujourd'hui indispensable si on veut faire carrière.	*Der Erwerb von Fremdsprachenkenntnissen ist heutzutage unerlässlich für den beruflichen Erfolg.*

acte [akt] m.
1. *Akt; Tat; Handlung*

Ce jeune garçon a été félicité par le maire pour son acte de courage. Il a en effet sauvé un très jeune enfant qui était tombé dans le lac.	*Der Bürgermeister hat dem Jungen zu seiner mutigen Tat gratuliert. Er hat nämlich ein kleines Kind, das in den See gefallen war, aus dem Wasser gerettet.*

2. (juristisch) *Dokument*; *Urkunde*

Pièces à fournir lors de l'inscription: acte de naissance, carte d'identité, carte de séjour, extrait de casier judiciaire.	*Für die Einschreibung sind folgende Unterlagen nötig: Geburtsurkunde, Personalausweis, Aufenthaltserlaubnis, polizeiliches Führungszeugnis.*

alarmieren V. tr.
1. (Hilferuf) *avertir (V. tr.)*

Die Feuerwehr ist bereits alarmiert.	*Les pompiers sont déjà avertis.*

2. (Beunruhigung, vor allem als Partizip verwendet, kein FF) *alarmer (V. tr.); inquiéter (V. tr.)*

Die Ergebnisse der letzen Wahlen sind alarmierend.	*Les résultats du dernier scrutin sont alarmants / inquiétants.*

Alimente Pl.
pension (f.) alimentaire

Er bestreitet die Vaterschaft und weigert sich, Alimente für sein uneheliches Kind zu zahlen.	*Il conteste être le père et refuse de verser une pension alimentaire pour son enfant naturel.*

ambulant Adj.
1. (Wirtschaft, kein FF) *ambulant, e (Adj.)*

ein ambulantes Gewerbe betreiben	*tenir un commerce ambulant*

2. (Medizin) *ambulatoire (Adj.)*

Er hatte bei seinem Unfall Glück: Nach kurzer ambulanter Behandlung konnte er wieder nach Hause gehen.	*Il a eu de la chance[FF] lors de son accident: après quelques soins donnés au service ambulatoire, il a pu rentrer chez lui.*

Ambulanz f.
1. (Rettungswagen, kein FF) *ambulance (f.)*
2. (Abteilung) *service (m.) ambulatoire*

Die Risswunde musste in der Ambulanz des Krankenhauses genäht werden.	*La déchirure a dû être recousue au service ambulatoire de l'hôpital.*

alarmer [alarme] V. tr.
jdn. ängstigen; jdm. Angst machen / einjagen

Elle a alarmé ses voisins en leur racontant que l'appartement[FF] d'à côté avait été cambriolé pendant le week-end.	*Sie jagte ihren Nachbarn Angst ein, als sie ihnen erzählte, dass in der Nachbarwohnung am Wochenende eingebrochen worden ist.*

aliment [alimã] m.
Nahrungsmittel; Lebensmittel; Tiernahrung; Futter

Le lait est un aliment complet.	*Milch ist ein Nahrungsmittel mit hohem Nährwert.*

ambulant, e [ãmbylã, -ãt] Adj.
Wander-; Straßen-

Hier, un cirque ambulant a installé son chapiteau dans le village.	*Gestern hat ein Wanderzirkus sein Zelt in unserem Dorf aufgestellt.*
En été, on voit beaucoup de musiciens ambulants dans les villes.	*Im Sommer sieht man in den Städten viele Straßenmusikanten.*

ambulance [ãmbylãs] f.
Rettungswagen (s. links, 1. Bedeutung)

Amerikaner m.

1. (Bewohner der USA, kein FF) *Américain (m.);* siehe auch: Ami
2. (Gebäck) *petit cake (m.), appelé Amerikaner;* da es dieses Gebäck in Frankreich nicht gibt, muss eine erklärende Übersetzung gegeben werden.

Für den Kindergeburtstag heute Nachmittag habe ich beim Bäcker 15 Amerikaner bestellt.	*Pour le goûter d'anniversaire des enfants cet après-midi, j'ai commandé chez le boulanger 15 petits cakes, ces fameux «Amerikaner».*

Ami m.

(Kurzform für Amerikaner) *Américain (m.)*

Unmittelbar nach dem Krieg waren viele Amis bei deutschen Familien einquartiert.	*Juste après la guerre, beaucoup d'Américains logeaient dans des familles allemandes.*

amourös Adj.

liaisons (f. Pl.); speziell in Verbindung mit Abenteuer; das deutsche Adjektiv amourös wird im Französischen durch das Substantiv *liaison(s)* ausgedrückt.

Seine amourösen Abenteuer sorgen regelmäßig für Schlagzeilen.	*Ses liaisons sont régulièrement à la une.*

Américain [amerikɛ̃] m.
Amerikaner (s. links, *Amerikaner,* 1. Bedeutung und *Ami*)

ami, e [ami] m. / f.
Freund / Freundin

Sais-tu que Paul a une bonne amie?	*Weißt du, dass Paul eine feste Freundin hat?*
C'est en ami que je te donne ce conseil.	*Ich gebe dir diesen Rat als Freund.*

amoureux, se [amurø, -øz] Adj.
verliebt (oft idiomatisch festgelegt)

Il lui arrive souvent de tomber amoureux, mais la plupart du temps, ce ne sont que des amourettes.	*Er verliebt sich sehr schnell, aber meist sind es nur kleine Liebeleien.*
Ma vie amoureuse ne vous regarde absolument pas.	*Mein Liebesleben geht Sie überhaupt nichts an.*

amoureux [amurø] m.
1. (Plural) *Verliebte*

couple (m.) d'amoureux	*Liebespaar*

2. (nur m.) *Verehrer*

Barbara a plus d'un amoureux et elle les mène tous par le bout du nez, ces pauvres garçons.	*Barbara hat mehr als einen Verehrer und sie führt diese armen Kerle alle an der Nase herum.*

3. (übertragen) *Freund; Liebhaber*

les amoureux de la nature	*die Naturfreunde*

animieren V. tr.
pousser (V. tr.); inciter (V. tr.)

Es ist verwerflich, jemanden zum Rauchen zu animieren.	*Il est condamnable de pousser quelqu'un à fumer.*
Ein derartiger Erfolg animiert zum Weitermachen.	*Un tel succès incite à continuer.*

annoncieren V. tr.
faire passer une annonce (verb. Wend.); *insérer une annonce (verb. Wend.)*

Obwohl wir schon mehrmals in der Zeitung annonciert haben, hat sich immer noch kein Interessent gemeldet.	*Bien que nous ayons déjà passé plusieurs (petites) annonces dans le journal, personne ne s'est encore manifesté.*

antik Adj. / Adv.
1. (die Antike betreffend, kein FF) *antique* (*Adj.)*
2. (Stilrichtung) *ancien* (*Adj.*, nachgestellt)*; en ancien (adv. Wend.)*

Die gesamte Wohnung ist antik eingerichtet.	*Tout l'appartement[FF] est meublé en ancien.*

Antike f.
Antiquité (f.)

Die Antike hat einen großen Einfluss auf die abendländische Kultur.	*L'Antiquité exerce une grande influence sur la culture occidentale.*

animer [anime] V. tr.
1. *beleben; lebendig gestalten; hoch hergehen*

Ses remarques en partie provocantes ont animé la discussion.	*Seine zum Teil provokanten Bemerkungen belebten die Diskussion.*
Les fêtes[FF] qu'il organise sont toujours très animées.	*Auf den Festen, die er veranstaltet, geht es immer hoch her.*

2. *leiten; führen durch*

Toutes les émissions musicales animées par ce présentateur sont excellentes.	*Wenn dieser Moderator durch das Programm[FF] führt, sind die Musiksendungen immer toll.*

annoncer [anõse] V.tr
1. *ankündigen; mitteilen; verkünden*

Notre patron[FF] nous a annoncé que cette année il n'y aurait pas d'augmentation de salaire.	*Unser Chef hat uns mitgeteilt, dass es in diesem Jahr keine Gehaltserhöhung gibt.*

2. *hindeuten auf; ein Anzeichen sein für; sagen*

Cette petite brise annonce le printemps.	*Dieses laue Lüftchen deutet auf den Frühling hin.*

antique [ãtik] Adj.
1. (scherzhaft) *altertümlich; von anno dazumal*

Le voilà qui arrive dans son antique 2 CV toute rouillée.	*Da kommt er auch schon mit seiner völlig verrosteten Ente, einem Modell von anno dazumal.*

2. (Denkweise, Haltung) *antiquiert*

Il n'a même pas cinquante ans et il est déjà si antique.	*Jetzt ist er noch nicht einmal 50 Jahre alt und schon so antiquiert im Denken.*

antique [ãtik] f.
(meist in der Wendung à l'antique) *wie in der Antike; im Stil der Antike*

Pour l'ouverture des Jeux olympiques, les danseuses étaient habillées à l'antique.	*Zur Eröffnung der Olympischen Spiele waren die Tänzerinnen wie in der Antike gekleidet.*

antiquarisch Adj.
ancien, ne (*Adj.*, nachgestellt)

Wenn ich im Lotto gewinnen würde, dann würde ich das meiste Geld für antiquarische Bücher ausgeben.	*Si je gagnais au loto, ce serait pour m'acheter des livres anciens que je dépenserais le plus.*

apart Adj.
charmant, e (Adj.); ravissant, e (Adj.)

Sie sieht in diesem Sommerkleid sehr apart aus.	*Elle est vraiment charmante / ravissante dans cette robe d'été.*

Aperçu n.
mot d'esprit (m.); trait d'esprit (m.)

Er hielt eine zündende Rede, die gespickt war von gelungenen Aperçus.	*Il a prononcé un discours électrisant, truffé de mots d'esprit / de traits d'esprit.*

Appartement n.
studio (m.)

Appartement, 35 qm, 3. OG, Lift, U-Bahn-Nähe. Kaufpreis: 90.000 Euro.	*Studio, 35 m^2, 3e étage, ascenseur, proche station[FF] de métro. Prix: 90.000 euros.*

antiquaire [ãtikɛr] m.
Antiquitätenhändler

Beaucoup d'antiquaires allemands revendent des meubles qu'ils ont acquis[FF] en France à des ventes aux enchères.	*Viele deutsche Antiquitätenhändler verkaufen Möbel, die sie in Frankreich bei Versteigerungen erworben haben.*

à part [apar] Adv.
1. *für sich; speziell; etwas Besonderes*

Cette madame Pinson, c'est vraiment quelqu'un de tout à fait à part.	*Diese Frau Pinson ist wirklich eine ganz spezielle Person.*

2. *abgesehen von; außer*

Tout le monde est parti très vite, à part moi.	*Außer mir sind alle sehr schnell abgereist.*

3. (feste Verbindungen)

faire bande[FF] à part	*sich absondern*
prendre qn. à part	*jdn. beiseite nehmen*
toute plaisanterie à part	*Spaß beiseite*

aperçu [apɛrsy] m.
(kurzer) Überblick; (kurze) Darstellung

Mes chers amis[FF], je vais commencer par vous donner un aperçu de la situation.	*Meine lieben Freunde, ich werde euch zunächst einen kurzen Überblick über die Lage geben.*

appartement [apartəmã] m.
Wohnung; Gemach (in dieser Bedeutung im Französischen immer Pl.)

Après avoir gagné au loto, ils se sont acheté un magnifique appartement de 200 m^2.	*Nachdem sie im Lotto gewonnen hatten, kauften sie sich eine herrliche 200 m^2-Wohnung.*
Les appartements royaux étant en réfection, vous ne pourrez malheureusement pas les visiter.	*Leider können Sie die königlichen Gemächer wegen Renovierungsarbeiten nicht besichtigen.*

Armatur(en) f. (meist Pl.)
1. (technische Ausrüstung) *tableau (m.) de bord*

Ein Spezialmittel zur Reinigung der Armaturen in Ihrem Fahrzeug erhalten Sie bei Ihrem Vertragshändler.	*Pour nettoyer le tableau de bord de votre véhicule, utilisez le produit spécial que vous pourrez acheter chez votre concessionnaire.*

2. (im Badezimmer) *robinetterie (f.;* kein Pl.*)*

Sie ist ein wahrer Putzteufel; mehrmals täglich poliert sie die Armaturen im Badezimmer blitzblank.	*C'est une maniaque de la propreté; elle astique la robinetterie de la salle de bains plusieurs fois par jour.*

artikulieren V. tr.
1. (Sprechweise, kein FF) *prononcer (V. tr.); articuler (V. tr.)*

Er artikuliert schlecht.	*Il prononce / articule mal.*

2. (Gefühlsausdruck) *exprimer (V. tr.)*

Sie konnte ihre Gefühle vor Rührung kaum artikulieren.	*Très touchée, elle pouvait à peine exprimer ses sentiments.*

Artist m.
acrobate (m.)

Manege frei für unsere Artistentruppe mit ihrer weltberühmten Nummer.	*Et maintenant – la piste à notre troupe d'acrobates pour leur numéro mondialement connu.*

Artist

artiste

armature [armatyr] f.
Bügel; Gestell

Le décolleté de cette robe nécessite un soutien-gorge à armature.	*Für dieses stark ausgeschnittene Kleid sollten Sie einen Büstenhalter mit Bügel tragen.*

articuler [artikyle] V. tr.
1. *artikulieren; aussprechen* (s. links, 1. Bedeutung)
2. (übertragen, passivisch verwendet) *gegliedert sein*

Ses exposés sont très clairs, car ils sont toujours bien articulés.	*Seine Vorträge sind leicht verständlich, denn sie sind immer klar gegliedert.*

artiste [artist] m. / f.
Künstler / Künstlerin; Kunst-

Saviez-vous que le mari de Caroline est artiste peintre et que leur fille a épousé un peintre en bâtiment?	*Wussten Sie, dass der Mann von Caroline Kunstmaler ist und nun deren Tochter einen Malermeister geheiratet hat?*
aber: entrée (f.) des artistes	*Bühneneingang*

artistisch Adj.
acrobatique (Adj.); (in Zusammensetzungen) *d'acrobatie (f.)*

Es ist ja geradezu artistisch, wie er den Sturz abgefangen hat, nachdem er auf einer Bananenschale ausgerutscht war.	*La façon*FF *dont il s'est rattrapé après avoir glissé sur une peau de banane, était vraiment acrobatique.*

Atelier n.
1. (Mode, Malerei, kein FF) *atelier (m.)*; im Bereich Designer-Mode immer Plural
2. (Foto) *studio (m.) (d'un photographe d'art)*

Ich habe diese Porträtaufnahmen in einem Atelier machen lassen.	*J'ai fait faire ces portraits dans le studio d'un photographe d'art / dans un studio.*

attraktiv Adj.
séduisant, e (Adj.)

Obwohl sie schon auf die 60 zugeht, ist sie immer noch eine äußerst attraktive Frau.	*Bien qu'elle aille sur ses 60 ans, elle est toujours aussi séduisante.*

artistique [artistik] Adj.
künstlerisch; *Kunst-*

Les tableaux qu'il a sélectionnés pour l'exposition ont démontré[FF] son sens artistique.	*Bei der Auswahl der Bilder für die Ausstellung bewies er seinen Kunstverstand.*

atelier [atəlje] m.
1. *Werkstatt;* (Personenbezug) *Belegschaft* (in einer Fabrik)

L'atelier du garagiste est au fond de la cour à gauche.	*Die Autowerkstatt befindet sich hinten links im Hof.*
L'atelier a fêté les 25 ans de service du contremaître.	*Die Belegschaft des Werks hat das 25jährige Dienstjubiläum des Vorarbeiters gefeiert.*

2. *Arbeitsgruppe*; *Workshop*

Après mai 68, des ateliers de théâtre[FF] ont été créés dans les lycées.	*Als Ergebnis der Studentenunruhen im Mai 68 wurden in den Gymnasien Theatergruppen eingeführt.*

attractif, ve [atraktif, -iv] Adj.
anziehend (auch übertragen); *attraktiv*; *verlockend;* unter dem Einfluss des Englischen wird attractif auch im Sinne von séduisant verwendet (umstrittener Gebrauch).

Enfant, la force attractive de l'aimant m'a beaucoup fasciné.	*Die Anziehungskraft von Magneten hat mich als Kind unheimlich fasziniert.*
Faites vos courses[FF] dans cet hyper, les prix y sont très attractifs.	*Warum kaufen Sie denn nicht in diesem Verbrauchermarkt ein? Die Preise sind dort äußerst attraktiv.*

Attrappe f.
factice (Adj.; immer mit Substantiv!)

Welch eine Enttäuschung für die Einbrecher: Die Champagnerflaschen im Schaufenster waren nur Attrappen.	*Quelle déception pour les cambrioleurs: les bouteilles de champagne dans la vitrine n'étaient que des bouteilles factices.*

Automat m.
distributeur (m.) (automatique)

Der Kaffee aus dem Automaten schmeckt nicht annähernd so gut wie der frisch aufgebrühte.	*Il n'y a absolument aucune comparaison quant au goût entre le café*[FF] *des distributeurs et celui que l'on vient de passer*[FF]*.*
Zigarettenautomaten knacken	*forcer*[FF] *des distributeurs de cigarettes*
aber: Spielautomat	*machine (f.) à sous*

attrape [atrap] f.
(meist Pl.) *Scherzartikel*; dieses Substantiv wird meist mit *farces (f. Pl.)* verwendet.

Ce gamin de huit ans dépense tout son argent de poche dans un magasin de farces et attrapes.	*Dieser acht Jahre alte Junge gibt sein ganzes Taschengeld in Geschäften für Scherzartikel aus.*

Attrappe

attrape

automate [otɔmat] m.
1. *(Adv.) wie mechanisch; wie automatisch*

A la fin de la randonnée, j'étais si crevé que je marchais comme un automate.	*Am Ende dieser Wandertour war ich so fertig, dass ich nur noch wie mechanisch einen Fuß vor den anderen setzte.*

2. (übertragen) *Hampelmann*; *Marionette*

Madame Dupont porte les culottes! Son mari est son jouet, sa marionnette, je dirai même son automate.	*Bei den Duponts hat SIE die Hosen an. ER ist ihr Spielzeug, ihre Marionette, ich würde sogar sagen ihr Hampelmann.*

avancieren V. intr.
avancer en grade (verb. Wend.); devenir qc. (V. intr.)

Anfangs war er nur Ersatz für einen verletzten Mannschaftskameraden, avancierte aber aufgrund seiner hervorragenden Leistungen in kürzester Zeit zum Stammspieler.	*Au début[FF], il ne faisait que remplacer un joueur de l'équipe qui était blessé, mais en raison de ses excellentes performances, il est devenu en très peu de temps un joueur à part[FF] entière de l'équipe.*

avisieren V. tr.
annoncer (V. tr.)

Sie können davon ausgehen, dass Sie die Ware bis Ende der Woche erhalten, da uns der Exporteur die Lieferung bereits schriftlich avisiert hat.	*Vous pouvez compter recevoir la marchandise d'ici à la fin de la semaine étant donné que l'exportateur nous a annoncé sa livraison par écrit.*

avancer [avãse] V. tr.
1. (Gegenstand) *vorrücken*; *vorschieben*

N'avance pas ce pion, je vais te le souffler.	*Rücke nicht mit diesem Spielstein weiter, sonst gehört er mir.*

2. (Ergebnis) *vorwärts bringen*; *vorantreiben; vorankommen*

Je suis fière de moi, car aujourd'hui j'ai bien avancé mon travail.	*Ich bin stolz auf mich, denn ich bin heute mit meiner Arbeit ein gutes Stück vorangekommen.*

3. (finanziell) *vorschießen*; *einen Vorschuss geben*; *vorstrecken*

J'ai avancé 100 euros à Paul, car ce mois-ci il n'arrivera pas à joindre les deux bouts.	*Ich habe Paul 100 Euro vorgestreckt, denn er kommt in diesem Monat nicht über die Runden.*

4. (Zeitbezug) *vorstellen* (Uhr); *vorverlegen*

Il a avancé d'un jour la date[FF] de son départ.	*Er hat seine Abreise um einen Tag vorverlegt.*

5. (Argumentation) *behaupten*; (Argument) *vorbringen*

avancer [avãse] V. intr.
1. *vorwärts kommen*; *vom Fleck kommen*; *vorstoßen*; *vorwärts gehen*
2. (Dimension) *vorspringen*; *überragen*; (Zähne) *vorstehen;* (Uhr) *vorgehen*

aviser [avize] V. tr.
1. *jdm. etw. mitteilen*; *jdm. etw. bekannt geben*

Je vous avise de ma décision: je n'assurerai plus la présidence de l'association à partir du mois prochain, et ce pour des raisons de santé.	*Ich teile Ihnen auf diesem Wege mit, dass ich ab dem kommenden Monat aus gesundheitlichen Gründen den Vorsitz im Verein abgeben werde.*

2. (Gebrauch ohne Objekt) *eine Entscheidung treffen*; *sich etwas einfallen lassen*

Et si jamais Paul ne nous apportait pas le champagne qu'il nous a promis pour la réception? – Ecoute, ne te fais pas de soucis à l'avance. On avisera le moment venu.	*Und sollte uns Paul den Champagner doch nicht, wie versprochen, zum Empfang mitbringen? – Hör' zu, mach dir nicht schon jetzt Sorgen. Wir werden uns etwas einfallen lassen, wenn es so weit ist.*

Bagage f. (nur Singular)
parasite (m.); pique-assiette (m. / f.; unveränderlich*)*

Jeden Freitagabend quartieren sich bei uns Freunde ein und machen sich auf unsere Kosten ein schönes Wochenende. – Da seid ihr selbst Schuld, ich hätte die ganze Bagage schon längst hinausgeworfen.	*Chaque vendredi soir, des amis[FF] s'installent chez nous et s'organisent un week-end extra[FF], et tout ça à nos frais. – Alors ça, c'est bien de votre faute, il y a longtemps que, moi, j'aurais mis tous ces parasites / ces pique-assiette à la porte.*

Baiser n.
meringue (f.)

Für die Herstellung von Schokoladenbaiser verfahren Sie nach dem Grundrezept und geben zusätzlich 60 Gramm fein geriebene Schokolade zum Eischnee.	*Pour faire des meringues au chocolat, vous procédez selon la recette[FF] de base et vous ajoutez 60 grammes de chocolat finement râpé aux blancs d'œufs battus en neige.*

Baiser

baiser

bagage [bagaʒ] m.
1. *Gepäckstück; Handgepäck*

Vous n'avez droit qu'à un bagage à main.	*Sie dürfen nur ein Gepäckstück mitnehmen.*

2. (übertragen) *Wissen*; (nur Pl.) *Kenntnisse*

Son bagage littéraire est vraiment réduit, elle ne savait pas que Molière est l'auteur de la pièce «Le Malade imaginaire».	*Ihre Literaturkenntnisse sind wirklich sehr bescheiden. Sie wusste nicht einmal, dass Molière das Stück „Der eingebildete Kranke" geschrieben hat.*

bagages [bagaʒ] m. Pl.
Gepäck

Comment fais-tu pour avoir tant de bagages? Deux valises et trois sacs de voyage!	*Zwei Koffer und drei Reisetaschen – wie kannst du nur so viel Gepäck haben!*

baiser [bɛze] m.
Kuss; *Kusshand*

C'est avec émoi qu'elle se souvenait de son premier baiser. Lorsque le train a démarré, elle a envoyé des baisers à son mari en signe d'adieu.	*Voller Emotion erinnert sie sich noch an ihren ersten Kuss.* *Als der Zug abfuhr, warf sie ihrem Mann zum Abschied eine Kusshand zu.*

baiser [bɛze] V. tr.
küssen

C'est avec tendresse que l'heureux papa a baisé le front de son fils nouveau-né.	*Zärtlich küsste der glückliche Vater seinen neugeborenen Sohn auf die Stirn.*

Vorsicht: baiser (V. tr / V. intr.) wird auch vulgär im Sinne von *bumsen* verwendet.

Balance f.
équilibre (m.); habileté (f.)

Er verlor auf dem schmalen, rutschigen Steg die Balance und fiel in den See.	*Il a perdu l'équilibre sur l'étroit débarcadère glissant et est tombé dans le lac.*
Nur durch einen wahren Balanceakt ist es dem Verhandlungsführer gelungen, die Kriegsparteien zur Unterzeichnung des Friedensvertrags zu bewegen.	*Ce n'est que grâce à la grande habileté du négociateur que les belligérants sont arrivés à signer un traité de paix.*

Balance

balance

balancieren V. intr. / V. tr.
1. (V. intr.) *marcher en équilibre*

Der Artist[FF] balancierte mit traumwandlerischer Sicherheit über das Hochseil.	*C'est avec une grande sûreté que l'acrobate marchait en équilibre sur le fil.*

2. (V. tr.) *porter en équilibre*

Sag' mal, warum balanciert deine Schwester denn dieses dicke Buch auf dem Kopf? – Ach, sie übt für einen Sketch, den sie nächste Woche in der Schule aufführt.	*Dis-moi donc, pourquoi est-ce que ta sœur porte ce gros[FF] livre en équilibre sur la tête? – Elle répète un sketch qu'elle jouera la semaine prochaine à l'école.*

balance [balɑ̃s] f.
1. *Waage* (auch Sternzeichen)

Une balance plus sensible m'encouragerait à suivre ce régime amaigrissant.	*Mit einer genaueren Waage hätte ich mehr Ansporn, diese Abmagerungskur zu machen.*
Sous quel signe es-tu né? – Sous celui de la balance.	*Was bist du für ein Sternzeichen? – Waage.*

2. (Volkswirtschaft) *Bilanz*

Le déficit de la balance commerciale s'est aggravé cette année.	*Das Handelsbilanzdefizit ist in diesem Jahr noch größer geworden.*

balancer [balɑ̃se] V.tr.
1. (Körperteil) *sich wiegen*; *baumeln lassen*

Elle balançait les hanches pour attirer tous les regards.	*Sie wiegte sich in den Hüften, um die Blicke auf sich zu ziehen.*

2. (Sachbezug, ugs.) *(weg)werfen*; *(entgegen)schleudern;* (übertragen) *an den Kopf werfen*

Une fois reçu à ses examens, il a balancé tous ses livres et polycopiés.	*Nach bestandener Prüfung warf er all seine Bücher und Skripten weg.*
Furieux, il lui a balancé des injures, a fait demi-tour et a quitté la maison.	*Wütend warf er ihr einige Schimpfwörter an den Kopf, drehte sich um und verließ das Haus.*

3. (Personenbezug, ugs.) *hinauswerfen*; *feuern*

Ce chef de service a la réputation de balancer ses employés à la moindre faute.	*Man sagt diesem Abteilungsleiter nach, dass er seine Mitarbeiter beim kleinsten Fehler hinauswirft / feuert.*

Ball m.

1. (Spiel) *ballon (m.);* (a. übertragen) *balle (f.);* (Schuss) *coup (m.). Ballon* wird für Sportarten wie Fußball, Handball, Volleyball und Basketball verwendet; *balle* wird für Golf, Tennis und Tischtennis sowie im übertragenen Sinn verwendet.

Der Ball war so raffiniert[FF] angeschnitten, dass er direkt ins Tor ging.	*Le ballon avait été si astucieusement brossé qu'il est allé droit dans le but.*
Die beiden Vertreter der Opposition haben sich in der Diskussionsrunde geschickt die Bälle zugespielt.	*Les deux représentants de l'opposition se sont très habilement renvoyé la balle durant la discussion.*
Der Torwart konnte den schwierigen Ball abwehren und rettete so seiner Mannschaft den Sieg.	*Le gardien de but a pu parer ce coup difficile, ce qui a valu la victoire à son équipe.*

2. (Veranstaltung, kein FF) *bal (m.)*

einen Maskenball veranstalten	*organiser un bal masqué*

Ballast m.

lest (m.); charge (f.)

Da der Ballon immer mehr an Höhe verlor, hat die Mannschaft an Bord Ballast abgeworfen.	*Comme le ballon perdait de plus en plus d'altitude, l'équipage a jeté du lest.*
Ich glaube, ihr macht die Klettertour besser ohne mich. Ich fühle mich nicht fit und wäre nur Ballast für euch.	*Je crois qu'il vaut mieux que vous fassiez l'escalade sans moi. Je ne me sens pas bien et ne serais qu'une charge[FF] pour vous.*

balle [bal] f.
1. (Sport) *Ball* (s. links, 1. Bedeutung)
2. (Waffe) *Kugel*; *Geschoss*

Ne voyant plus d'issue, il s'est tiré une balle dans la tête.	*Er sah keinen Ausweg mehr und schoss sich eine Kugel in den Kopf.*

3. (Verpackung) *Ballen*

Les dockers étaient en grève, et les balles de coton et de café[FF] envahissaient les quais.	*Als Folge des Streiks der Hafenarbeiter stapelten sich Ballen von Baumwolle und Kaffee auf den Kais.*

bal [bal] m.
Ball, kein FF (s. links, 2. Bedeutung)

Ball

balle

ballast [balast] m.
Schotter

Bien que les terroristes aient soigneusement caché la bombe sous le ballast de la voie n° 8 à quelques mètres du hall de la gare, le cheminot l'a découverte et a tout de suite alerté ses supérieurs.	*Obwohl die Terroristen die Bombe sorgfältig unter dem Schotter von Gleis 8, nur wenige Meter von der Bahnhofshalle[FF] entfernt, versteckt hatten, hat sie ein Bahnbediensteter entdeckt und sofort seine Vorgesetzten verständigt.*

Band n.

1. (Befestigung) *ruban (m.); bandeau (m.); serre-tête (m.)*

Sie hat ihr Haar mit einem Band zu einem Pferdeschwanz zusammengebunden.	*Avec un ruban, elle s'est attaché les cheveux en queue de cheval.*
Bevor die Kosmetikerin der Kundin eine Maske auftrug, nahm sie deren Haar mit einem Stirnband zurück.	*Avant d'appliquer un masque à sa cliente, l'esthéticienne lui a retenu les cheveux par un bandeau / serre-tête.*

2. (kurz für Förder-, Fließband) *chaîne de montage (f.); tapis roulant (m.)*

Das war der letzte Käfer, der vom Band lief.	*C'est la dernière coccinelle qui est sortie de la chaîne de montage.*
Verehrte Kunden, bitte legen Sie die gesamte Ware auf das Band.	*Les clients sont priés de déposer tous leurs achats sur le tapis roulant.*

3. (Anatomie) *tendon (m.); ligament (m.)*

Leider kann ich in diesem Jahr nicht zum Skifahren gehen, da ich mir bei der Gymnastik mehrere Bänder gezerrt habe.	*Cette année, je ne pourrai malheureusement pas aller skier, car je me suis distendu plusieurs tendons / ligaments en faisant de la gymnastique.*

4. (Buch) *tome (m.)*

Aus drucktechnischen Gründen erscheint der letzte Band der Enzyklopädie erst im Herbst.	*Le dernier tome de l'encyclopédie ne paraîtra qu'en automne en raison de problèmes à l'impression.*

5. (Radio) *fréquence (f.)*

Unseren Sender empfangen Sie ab 1. Januar auch im 49-Meter-Band.	*À partir du premier janvier, notre station[FF] émettra également sur la fréquence 49.*

Band f.

(Musikgruppe) *groupe (m.)*

Er trat lange Zeit als Sänger in einer Band auf, bevor er seine eigene Plattenfirma gründete.	*Avant de fonder sa propre maison de disques, le chanteur a longtemps appartenu à un groupe.*

bande [bɑ̃d] f.
1. (Gruppe) *Schar*; (Tiere) *Rudel*; (abwertend) *Bande*

Une bande d'enfants impatients faisaient la queue devant le nouveau manège[FF].	*Eine Schar Kinder stand voller Ungeduld vor dem neuen Karussell[FF] Schlange.*
Les enfants du village ont été poursuivis par une bande de chiens errants et l'un d'eux a été mordu à la jambe. Ses parents l'ont aussitôt fait vacciner contre la rage.	*Die Kinder im Dorf wurden von einem Rudel streunender Hunde verfolgt, und dabei wurde eines von ihnen ins Bein gebissen. Die Eltern haben es sofort gegen Tollwut impfen lassen.*
Pendant des mois, une bande de voleurs a tenu la police en échec. Ce n'est que maintenant que le chef de la bande a pu être arrêté.	*Monatelang hielt eine Einbrecherbande die Polizei zum Narren; jetzt endlich konnte der Kopf der Bande gefasst werden.*

2. *Comic*

Vous trouverez les bandes dessinées au fond du magasin près de la sortie de secours.	*Die Comic-Abteilung befindet sich ganz hinten neben dem Notausgang.*

Bank f.

1. (Sitzgelegenheit) *banc (m.)*

Es ist schon ein ungewöhnliches Gefühl, wenn man mit 30 wieder die Schulbank drückt.	*A trente ans, user ses fonds de culotte sur les bancs de l'école, ça fait vraiment tout drôle.*

2. (Kreditinstitut) *banque (f.)*

Ich habe gestern mit der Bank noch einmal über die Konditionen verhandelt.	*Hier, j'ai rediscuté des conditions avec ma banque.*

3. (übertragen, meist in Zusammensetzungen) *banque (f.)*

Datenbank	*banque de données*
Samenbank	*banque de sperme*

bankrott gehen / sein

faire faillite; être en faillite; dieser in der Allgemeinsprache verwendete Ausdruck ist inhaltlich zu trennen vom fachsprachlichen Substantiv „Bankrott"; s. rechts.

Zahlreiche betriebliche Fehlentscheidungen führten dazu, dass das Unternehmen bankrott ging.	*A cause de plusieurs mauvaises décisions prises au sein de l'entreprise, celle-ci a fait faillite.*
Weihnachten, der 80. Geburtstag meiner Mutter und die Hochzeit meiner Tochter – noch ein Fest und ich bin bankrott.	*Noël, les quatre-vingts ans de ma mère et le mariage de ma fille – encore une fête*[FF] *et je suis en faillite.*

Baracke f.

baraquement (m.); abri (m.) de fortune

Nach dem schweren Erdbeben wurden die Obdachlosen notdürftig in Baracken untergebracht.	*Après le grand tremblement de terre, les sans-abri ont été logés provisoirement dans des baraquements / les sinistrés ont été logés dans des abris de fortune*[FF].

banque [bɑ̃k] f.
kein FF (s. links, 2. Bedeutung)

Bank

banque

banqueroute [bɑ̃krut] f.
(Straftatbestand) *Bankrott*

Ces derniers temps, beaucoup d'entrepreneurs ont été condamnés à des peines de prison ferme allant de 6 à 12 mois pour banqueroute.

In letzter Zeit sind viele Unternehmer wegen Bankrott zu Gefängnisstrafen zwischen 6 und 12 Monaten ohne Bewährung verurteilt worden.

baraque [barak] f.
1. *Bauwagen; Bude*

Cette nuit, des inconnus ont forcé les portes de plusieurs baraques d'un chantier.

In der Nacht haben Unbekannte mehrere Bauwagen aufgebrochen.

2. (abwertend) *Bruchbude*

Quelle baraque! Les fenêtres et les portes ne ferment plus. Le papier peint se décolle, la peinture des plafonds s'écaille et le propriétaire a l'audace d'augmenter le loyer!

Was für eine Bruchbude! Die Fenster und Türen schließen nicht mehr richtig, die Tapete[FF] *löst sich ab und von der Decke bröckelt die Farbe. Und da wagt es der Eigentümer auch noch die Miete zu erhöhen!*

Basar m.

1. (Markt) *bazar (m.); souk (m.)*

Wo hast du denn die tolle Halskette her? – Die habe ich auf unserer Orientreise auf einem Basar gekauft.	*Où as-tu acheté ce collier extraordinaire? – Dans un bazar / un souk pendant notre voyage en Orient.*

2. (Sonderveranstaltung) *vente de bienfaisance (f.)*

Auch in diesem Jahr findet unser Basar zu Gunsten aidsinfizierter Kinder vom 2.– 20. auf dem Marktplatz statt.	*Cette année encore, notre vente de bienfaisance au profit des enfants séropositifs aura lieu du 2 au 20 sur la place du marché.*

Batterie f.

1. *pile (f.)*

Was piepst denn da ständig in der Leitung? – Ach, das ist mein schnurloses Telefon. Das ist das Zeichen, dass die Batterien fast leer sind.	*Mais qu'est-ce qui siffle comme ça sans arrêt dans la ligne? – Ah, c'est mon portable. Ça signifie que les piles sont presque vides.*

2. (übertragen, stark idiomatischer Gebrauch) *collection (f.); batterie (f.)*

Für die Übertragung der Fußballweltmeisterschaft installierte der Wirt eine ganze Batterie von Fernsehgeräten in seiner Kneipe.	*Pour la retransmission de la Coupe du monde de football, le patron[FF] a installé toute une collection de téléviseurs dans son bistrot.*
Sie polierte ihre Batterie von Töpfen auf Hochglanz.	*Elle a astiqué sa batterie de cuisine.*

Benzin n.

essence (f.)

Heute gibt es in den meisten europäischen Staaten ein flächendeckendes Netz von Tankstellen, an denen man bleifreies Benzin tanken kann.	*Dans la plupart des Etats[FF] européens, un réseau très développé de stations-services offre aujourd'hui de l'essence sans plomb.*

bazar [bazar] m.

1. *Kaufhaus*; wird nur in Kombination mit Eigennamen verwendet.

Le «Bazar de l'Hôtel de Ville» est un grand magasin dont les bricoleurs rafollent.	*Das Kaufhaus „Bazar de l'Hôtel de Ville" ist bei Heimwerkern äußerst beliebt.*

2. *Durcheinander; Unordnung; Kram; Zeug*

Je ne sais vraiment pas comment il peut vivre dans son bazar d'appartement[FF].	*Wie kann man nur mit einem solchen Durcheinander in seiner Wohnung leben.*
Il a apporté tout son bazar pour aller à la pêche.	*Er hat sein ganzes Angelzeug mitgebracht.*

batterie [batri] f.

1. (Menge von Gleichartigem; stark idiomatischer Gebrauch) *Paket*; *Katalog*; *Batterie* (s. auch links, 2. Bedeutung)

Ce n'est pas cette batterie de nouvelles mesures fiscales qui va augmenter la popularité du chef du gouvernement.	*Dieses neue Steuerpaket wird die Popularität des Regierungschefs nicht gerade steigern.*

2. *(Auto-)Batterie*, kein FF

La batterie est à plat.	*Die Batterie ist leer.*

3. *Legebatterie*, kein FF

Hühner in Legebatterien halten	*élever des poulets en batterie*

4. (Musik) *Schlagzeug*

Dans la musique de jazz, la batterie joue un rôle important.	*Im Jazz kommt dem Schlagzeug ein besonderer Part zu.*

benzine [bɛ̃zin] f.

Waschbenzin

J'ai acheté de la benzine à la droguerie du coin pour détacher ma robe de bal[FF].	*Ich habe in der Drogerie um die Ecke Waschbenzin gekauft, um die Flecken aus meinem Ballkleid zu entfernen.*

bestialisch Adj. / Adv.
monstrueux, se (Adj.); atroce (Adj.)

Der Täter hat sein Opfer auf bestialische Weise ermordet.	*Le criminel a assassiné sa victime d'une façon[FF] monstrueuse / atroce.*
Der Streik der Müllmänner geht nun schon in die dritte Woche mit den allseits bekannten Folgen: In den Straßen türmt sich der Müll und es stinkt bestialisch.	*C'est la troisième semaine de grève des éboueurs qui commence, et tout le monde en connaît bien les conséquences: les ordures s'amoncellent dans les rues et ça sent atrocement mauvais.*

blamabel Adj.
honteux, se (Adj.)

Das Auftreten einiger Spieler der Nationalmannschaft nach der blamablen Niederlage wird Konsequenzen haben.	*Le comportement de quelques joueurs de l'équipe nationale après sa honteuse défaite aura des conséquences.*

blamieren V. tr.
ridiculiser (V. tr.)

Ich finde es nicht fair von seiner Frau, ihn in aller Öffentlichkeit mit diesen Enthüllungen aus dem Privatleben zu blamieren.	*Je trouve que ce n'est pas correct de la part de sa femme de l'avoir ridiculisé en public en dévoilant sa vie privée.*

blasiert Adj.
arrogant, e (Adj.)

Ich kann nicht verstehen, was meine Freundin an diesem blasierten Typen findet; alles ist nur Fassade und nichts dahinter.	*Je n'arrive pas à comprendre ce que mon amie[FF] trouve à ce type très arrogant. Tout pour la façade et rien derrière!*

bestial, e [bɛstjal] Adj.
1. *tierisch* (auch substantiviert gebraucht)

Zola, dans certaines de ses œuvres, a illustré l'instinct bestial de l'homme.	*Emile Zola hat in einigen Werken das Tierische im Menschen / den tierischen Instinkt im Menschen herausgestellt.*

2. (übertragen) *blind; wild; maßlos*

En proie à une fureur bestiale, il a cassé l'armoire à glace de leur chambre.	*Von blinder Wut gepackt, zerschlug er den Spiegelschrank im Schlafzimmer.*

blâmable [blamabl] Adj.
tadelnswert; verwerflich (kann auch substantiviert gebraucht werden)

Installer un site pornographique sur Internet est un acte[FF] blâmable.	*Eine Webseite mit pornografischen Inhalten im Internet zu schalten, ist etwas Verwerfliches.*

blâmer [blame] V. tr.
tadeln; rügen; missbilligen; kritisieren

Mêlé à cette affaire[FF] de fausses factures, il a été blâmé par beaucoup de membres de son parti.	*Wegen seiner Verwicklung in die Affäre[FF] um gefälschte Abrechnungen wurde er von vielen Parteimitgliedern getadelt / gerügt.*

blasé, e [blaze] Adj.
abgestumpft; übersättigt; dekadent

Les personnages des romans de Françoise Sagan sont très souvent blasés: à Paris, ils vont, chaque soir, de boîte en boîte pour tuer le temps et, le week-end, ils partent sur la Côte où ils s'ennuient à mourir.	*Die Personen in den Romanen von Françoise Sagan sind oft übersättigt und abgestumpft: In Paris ziehen sie jeden Abend von Nachtlokal zu Nachtlokal, um die Zeit totzuschlagen und am Wochenende geht es zu einem Kurztrip an die Côte d'Azur, wo sie sich zu Tode langweilen.*

Bordell n.
maison close (f.); maison de passe; maison de prostitution

Nach Angaben der Kripo führen die Spuren ins Rotlichtmilieu; der Mörder soll vor der Tat in einem Bordell gesehen worden sein.	*D'après la police judiciaire, c'est dans le milieu qu'il faut chercher / que la piste mène. L'assassin aurait été vu dans une maison close / maison de passe avant le crime.*

Boutique f.
magasin (m.) de mode

Wo hast du denn die tolle Bluse gekauft? – Gleich bei mir um die Ecke. Da hat vor kurzem eine kleine Boutique aufgemacht.	*Dis-moi, où as-tu acheté ce corsage extraordinaire? – Juste au coin, à côté de chez moi. Un petit magasin de mode vient d'ouvrir.*

brav Adj. / Adv.
sage (Adj.); gentil, le (Adj.); brave (vorangestellt)

Wenn du schön brav bist, dann darfst du morgen Nachmittag mit Oma in den Zirkus gehen.	*Si tu es bien sage / gentil, tu pourras aller au cirque demain après-midi avec grand-mère.*
Caroline darf froh sein, einen Mann wie Paul gefunden zu haben. Er ist wirklich ein braver Kerl.	*Caroline a bien de la chance*[FF] *d'avoir trouvé un mari tel que Paul. C'est vraiment un brave garçon!*

bordel [bɔrdɛl] m.
1. (vulgär) *Puff*

Aller au bordel est pour certains hommes tout à fait normal.	*Für manche Männer ist es völlig normal in den Puff zu gehen.*

2. (übertragen) *Durcheinander; Saustall*

La chambre de Paul est toujours en bordel.	*In Pauls Zimmer sieht es immer wie in einem Saustall aus.*

3. *Lärm; Radau*

Les locataires du 2e ont fait du bordel toute la nuit, nous n'avons pas pu fermer l'œil.	*Die Mieter im 2. Stock machten die ganze Nacht derart viel Lärm, dass wir keine Minute schlafen konnten.*

boutique [butik] f.
(kleiner) Laden; Geschäft; Shop

Tu te souviens de la boutique qui était en face du lycée?	*Erinnerst du dich noch an den kleinen Laden gegenüber vom Gymnasium^{FF}?*

brave [brav] Adj.
1. (nachgestellt oder prädikativ) *tapfer; mutig; beherzt*

Les jeunes soldats se sont montrés très braves devant l'ennemi.	*Die jungen Soldaten zeigten sich dem Feind gegenüber sehr tapfer / mutig.*

2. (vorangestellt) *rechtschaffen; anständig; brav; bieder,* kein FF (s. links)

brave [brav] m.
tapferer Mann; *tapferer Soldat*; *Held*

«Il vous suffira de dire: J'étais à la bataille d'Austerlitz pour que l'on vous réponde: Voilà un brave!» (Napoléon)	*„Es genügt, wenn Sie sagen: Ich war bei der Schlacht von Austerlitz dabei – und schon werden Sie als Antwort bekommen: Welch ein Held!" (Napoleon)*

Bravour f.
meist als Wendung „mit Bravour“ gebraucht; *avec brio (adv. Wend.)*

Diese schwierige Situation hat er mit Bravour gemeistert.	*C'est avec brio qu'il est venu à bout de cette délicate situation.*

Bredouille f.
être dans le pétrin (verb. Wend.)

Mit seinem Hausbau hat er sich mächtig verkalkuliert und ist damit finanziell in die Bredouille gekommen.	*En calculant ce que lui coûterait la construction de sa maison, il s'est carrément trompé et le voilà dans le pétrin.*

brisant Adj.
brûlant, e (Adj.) détonant, e (Adj.)

Die neue Magazinsendung erreichte Rekord-Einschaltquoten, was sicherlich auf die brisanten Themen[FF], die behandelt wurden, zurückzuführen ist.	*Le nouveau magazine télévisé a obtenu un record d'audience qui est à coup sûr dû à ses thèmes[FF] brûlants / détonants.*

bravoure [bravur] f.
1. *Mut; Tapferkeit*

Les villageois ont fait preuve de bravoure en aidant les pompiers à éteindre l'incendie de forêt.	*Die Dorfbewohner haben Mut bewiesen, als sie der Feuerwehr halfen den Waldbrand zu löschen.*

2. (in Zusammensetzungen) *Bravour-; Glanz-*

Jouer du Chopin, c'est un morceau de bravoure pour chaque pianiste.	*Für jeden Pianisten ist ein Werk von Chopin ein Bravourstück.*

bredouille [brəduj] Adj.
Wendung in Verbindung mit être / rentrer / repartir / revenir (wird nur prädikativ zusammen mit diesen Verben gebraucht); *ohne Beute zurückkehren; ohne Fang zurückkehren; nichts geschossen haben; nichts gefangen haben; unverrichteter Dinge nach Hause gehen*

Les pêcheurs, partis à l'aube, sont revenus bredouilles, car leurs filets avaient été déchirés par un banc de très gros[FF] poissons.	*Die Fischer sind im Morgengrauen losgefahren und mit leeren Netzen zurückgekehrt, weil diese von einem Schwarm riesiger Fische zerrissen worden waren.*

brisant, e [brizã, -ãt] Adj.
(Sprengstoff) *brisant; mit hoher Sprengkraft*

Une cinquantaine de personnes ont été grièvement blessées par l'explosif brisant qui avait été déposé sur le quai de la station[FF] Opéra.	*Etwa 50 Personen sind durch eine Bombe mit hoher Sprengkraft, die am Bahnsteig der Metrostation[FF] „Opéra" detonierte, schwer verletzt worden.*

brisant

brisant

Café n.
salon (m.) de thé

Im Anschluss an eine kleine Wanderung hat sich der Seniorenclub in einem Café zum Kaffeekränzchen getroffen.	*Après avoir fait une petite randonnée, le club du troisième âge est allé dans un salon de thé pour se restaurer et papoter.*

Chance f.
(stark idiomatisch festgelegt) *occasion (f.); chance (f.); possibilité (f.); chances (f. Pl.,* kein FF*)*

Jetzt heißt es zugreifen: Diese einmalige Chance bietet sich Ihnen nie wieder.	*Profitez de l'occasion, car elle ne se représentera jamais plus.*
Gegen den amtierenden Weltmeister hatte der junge Nachwuchsboxer nicht die geringste Chance.	*Le jeune boxeur n'avait pas la moindre chance de gagner / n'avait vraiment pas la possibilité de gagner contre le champion en titre.*
Obwohl ich nicht alle in der Annonce geforderten Qualifikationen besitze, rechne ich mir durchaus Chancen aus diese Stelle zu bekommen.	*Bien que ma qualification professionnelle ne corresponde pas entièrement à celle exigée dans la petite annonce, j'ai, à mon avis, de fortes chances d'obtenir cet emploi.*

café [kafe] m.
1. (Getränk) *Kaffee*

Chaque matin, je prends une grande tasse de café au lait avec deux tartines.	*Jeden Morgen trinke ich eine große*[FF] *Tasse Milchkaffee und esse zwei Scheiben Brot dazu.*

2. (Ortsbezug) *Café; Lokal*; *Bistro*; *Kneipe*

Madame Dupont donne rendez-vous à son amant tous les mercredis au café du coin. Il est incompréhensible que son mari n'ait encore rien remarqué.	*Frau Dupont trifft sich jeden Mittwoch mit ihrem Liebhaber im Café an der Ecke. Es ist unbegreiflich, dass ihr Mann noch nichts gemerkt hat.*

chance [ʃɑ̃s] f.
1. (oft idiomatisch; auch ironisch) *Glück*; (positiv) *Schicksal*; *(glücklicher) Zufall*

La chance lui a toujours souri. Espérons que cela continuera.	*Das Glück war ihm / ihr immer hold. Hoffen wir, dass das auch in Zukunft so bleibt.*
C'est une chance que tu m'aies trouvé, j'allais partir en courses[FF].	*Da hast du aber Glück, dass du mich noch antriffst. Ich wollte nämlich gerade zum Einkaufen gehen.*
J'ai encore eu une panne[FF] en allant chez ma mère. C'est bien ma chance.	*Auf der Fahrt zu meiner Mutter hatte ich schon wieder eine Autopanne*[FF]. *Hab' ich vielleicht ein Glück!*

2. (frz. Pl.) *Erfolgsaussichten*; *Chancen*, kein FF; s. links die Pluralbedeutung

Charge f.
(Produktion) *lot (m.)*

In mehreren Flaschen Mineralwasser wurden Rückstände von Reinigungsmitteln gefunden. Daraufhin wurde die komplette Charge aus dem Handel genommen.	*Des résidus de détergent ayant été retrouvés dans plusieurs bouteilles d'eau minérale, le lot complet a été retiré du commerce.*

chauffieren V. tr.
conduire (V. tr.)

Meine Schwiegermutter ist sehr träge geworden. Während sie mir früher im Haushalt half und auf die Kinder aufpasste, wenn sie zu Besuch war, lässt sie sich jetzt von meinem Mann den ganzen Tag von einer Bekannten zur anderen chauffieren.	*Ma belle-mère est devenue très paresseuse. Alors que, autrefois, elle m'aidait à la maison et gardait les enfants quand elle venait nous voir, maintenant elle se fait conduire toute la journée par mon mari pour aller rendre visite à une amie[FF], puis à une autre et ainsi de suite.*

chauffieren

chauffer

charge [ʃarʒ] f.
1. *Last*; *Ladung*

Charge maximale de l'ascenseur: 700 kilos.	*Maximale Tragkraft in diesem Aufzug: 8 Personen.*

2. (Waffen) *Sprengladung*

Le ministère des Affaires étrangères a été endommagé par l'explosion d'une charge de plastic.	*Das Außenministerium ist durch die Explosion einer Sprengladung beschädigt worden.*

3. (übertragen, stark idiomatisch) *Belastung*; *Bürde*; *Kosten*

prendre en charge des dépenses	*Ausgaben tragen; Kosten übernehmen*
charges sociales	*Sozialabgaben*
charges locatives	*Mietnebenkosten*

4. *Aufgabe; Amt; Verantwortlichkeit*

chauffer [ʃofe] V. tr.
erwärmen; *erhitzen*; *(auf)heizen*

L'été, ébouillantez régulièrement votre évier pour éviter de vous intoxiquer avec des salmonelles. L'eau employée doit être chauffée à au moins 80°.	*Brühen Sie im Sommer regelmäßig das Spülbecken aus, um eine Infektion mit Salmonellen zu vermeiden; dabei sollte das Wasser auf mindestens 80° erhitzt werden.*

chauffer [ʃofe] V. intr.
1. *warm werden*; *heiß werden*; *sich erhitzen*
2. (technisch) *heißlaufen; heiß werden*

Il y a quelque chose qui ne va pas dans l'aspirateur: au bout de cinq minutes, il chauffe.	*Irgendetwas stimmt mit dem Staubsauger nicht: Nach fünf Minuten wird er heiß.*

3. (übertragen) *begeistert sein*; *in Begeisterung ausbrechen; toben*

Il suffit que Johnny Halliday monte sur la scène pour que la salle chauffe.	*Johnny Halliday braucht nur die Bühne zu betreten und schon tobt der Saal / und schon brechen die Zuschauer in Begeisterung aus.*

Chicorée m.
endive (f.)

Der Chicoréesalat schmeckt ja köstlich. Wie haben Sie den denn angemacht?	*Votre salade d'endives est absolument délicieuse. Comment avez-vous fait l'assaisonnement?*

Chiffre f.
référence (f. Sg.)

Unternehmungslustige SIE sucht nette[FF] Leute zwischen 50 und 60 für gemeinsame Freizeit-Aktivitäten. Zuschriften unter Chiffre 123456.	*Elle, très boute-en-train, recherche personnes avenantes 50 – 60 ans pour activités temps libre. Ecrire au journal référence 123456.*

Clique f.
bande (f.) d'amis; groupe (m.) d'amis

Nach der Abiturfeier ist mein Sohn mit seiner ganzen Clique noch zu uns nach Hause gekommen.	*Après la fête[FF], donnée à l'occasion du baccalauréat, mon fils est venu à la maison avec toute sa bande[FF] d'amis[FF].*

chicorée [ʃikɔre] f.
1. *Zichorie*; *Zichorienkaffee*

Ma mère raconte encore souvent que c'était tout à fait exceptionnel durant la guerre de pouvoir prendre une tasse de chicorée le dimanche.	*Meine Mutter erzählt noch oft, dass es im Krieg etwas ganz Besonderes war, wenn es sonntags eine Tasse Zichorienkaffee gab.*

2. (a. chicorée frisée) *Endiviensalat*

chiffre [ʃifrə] m.
1. *Zahl*; *Ziffer; Stelle*

Le deuxième chiffre après la virgule, c'est un quatre ou un deux?	*Ist die zweite Stelle hinter dem Komma[FF] eine Vier oder eine Zwei?*

2. *Initialen; Monogramm*

La comtesse de Grandair a fait graver toute son argenterie à son chiffre.	*Die Comtesse de Grandair ließ in ihr ganzes Tafelsilber ihre Initialen / ihr Monogramm eingravieren.*

3. *Kodezahl*; *Geheimzahl; Zahlenkombination*

Avant de mourir, il a révélé le chiffre de son coffre-fort à sa femme.	*Kurz vor seinem Tod hat er seiner Frau die Zahlenkombination für den Tresor[FF] gesagt.*

clic [klik] m.
Klicken; (verbal) *klick machen; klicken*

Ta ceinture de sécurité n'a pas fait clic. Tu l'auras sans doute mal accrochée.	*Dein Sicherheitsgurt hat nicht geklickt. Er ist wahrscheinlich nicht richtig eingerastet.*

clique [klik] f.
(meist abwertend, oft politisch) *Klüngel*; *Clan*

Je me demande comment il a fait pour obtenir ce poste[FF]. – Ce n'est pas étonnant quand on appartient à la clique du chef d'Etat[FF].	*Ich frage mich, wie er an diesen Posten gekommen ist. – Das ist nicht verwunderlich, wenn man zum Clan des Staatschefs gehört.*

Conférence f.
animation (f.)

Die Show musste ein Erfolg werden, schließlich hatte kein geringerer als der unvergessene Frank Sinatra die Conférence übernommen.	*Le show ne pouvait être qu'un succès, car c'était bel et bien l'inoubliable Frank Sinatra qui s'était chargé de l'animation.*

Conférencier m.
animateur (m.)

Wir schalten jetzt um in unser Studio nach Berlin – und raten Sie mal, wer als Conférencier durch die Sendung führt?	*Nous passons maintenant l'antenne à notre studio de Berlin – et devinez qui sera l'animateur de l'émission?*

Cordon bleu n.
escalope (f.) panée farcie de jambon et de fromage

Ich hätte gern das Cordon bleu mit Salat und Salzkartoffeln.	*Pour moi, ce sera une escalope panée farcie de jambon et de fromage avec une salade et des pommes vapeur.*

conférence [kõferãs] f.
1. *Konferenz; Besprechung*

Madame Pinson, cet après-midi, j'ai une conférence de presse. – Mais, vous avez rendez-vous chez votre cardiologue. – Impossible. Vous annulez.	*Frau Pinson, heute Nachmittag habe ich eine Pressekonferenz. – Aber Sie hatten doch einen Termin beim Kardiologen? – Unmöglich. Sagen Sie ihn ab.*

2. *Vortrag*; *Referat*

Le professeur Martin fera une conférence sur le nouveau médicament qu'il a mis au point avec un de ses confrères.	*Professor Martin wird einen Vortrag halten über das neue Medikament, das er zusammen mit einem seiner Kollegen[FF] entwickelt hat.*

conférencier [kõferãsje] m.
Redner; *Vortragender*; *Referent*

La conférence prévue cet après-midi est repoussée à une date[FF] ultérieure, notre conférencier étant souffrant.	*Der für heute Nachmittag vorgesehene Vortrag muss wegen Erkrankung des Referenten auf einen späteren Termin verschoben werden.*

cordon-bleu [kɔrdõblø] m.
(nur maskulin im Französischen) *ausgezeichneter Koch*; *ausgezeichnete Köchin*

J'adore être invité à dîner chez les Gallet. Lui et elle sont des cordons-bleus sans pareils.	*Ich freue mich immer, wenn ich bei den Gallets zum Essen eingeladen bin. Er und sie kochen unvergleichlich gut.*

Daten Pl.
données (f. Pl.); indication (f.); informations (f. Pl.)

Wir haben alle verfügbaren Daten in den Computer eingegeben.	*Nous avons entré dans l'ordinateur toutes les données disponibles.*
Hiermit erkläre ich mich bereit, dass meine Daten zu statistischen Zwecken gespeichert werden.	*Je, soussigné X., déclare vous autoriser à utiliser ces informations sur ma personne à des fins statistiques.*

Debüt n.
débuts (m. Pl.)

Die Leser unserer Zeitschrift möchten natürlich erfahren, wie Ihre Karriere als Schauspielerin begonnen hat. Erinnern Sie sich überhaupt noch daran? – Oh ja, natürlich. Ich gab mein Debüt in einem Stück von Lessing.	*Nos lecteurs aimerait naturellement savoir comment votre carrière d'actrice a commencé? Mais, au fait, vous vous en souvenez? – Ah oui, naturellement. J'ai fait mes débuts en jouant dans une pièce de Lessing.*

Dekorateur m.
1. (Schaufenster) *étalagiste (m. / f.)*

Seit meine Tochter in den Ferien in einem Kaufhaus jobbte und dabei der Dekorateurin bei der Gestaltung der Schaufenster helfen durfte, will sie nur noch diesen Beruf ergreifen.	*Pendant les vacances, ma fille a travaillé dans un grand magasin, elle aidait l'étalagiste à décorer les vitrines. Depuis, elle n'a qu'une idée en tête: excercer ce métier.*

2. (Innenräume, Theater, kein FF) *décorateur (m.)*

date [dat] f.
1. *Datum*; *Datumsangabe*

Il a oublié d'écrire sa date de naissance sur son CV.	*Er hat vergessen, sein Geburtsdatum im Lebenslauf anzugeben.*

2. *Zeitpunkt*; *Termin*

la date de parution	*Erscheinungstermin*

3. (übertragen) *Datum*; *(markantes) Ereignis*; *(wichtige) Jahreszahl*

La Révolution est une grande date dans l'histoire de France.	*Die Revolution von 1789 ist ein markantes Ereignis in der Geschichte Frankreichs.*

début [deby] m. Sg.
Anfang; *Beginn*

Je suis absolument désolé, le directeur est absent. Il ne rentrera qu'en début de semaine.	*Es tut mir wirklich Leid, aber der Chef ist nicht da. Er kommt erst Anfang nächster Woche zurück.*

débuts [deby] m. Pl.
1. *Anfänge*; *erste Schritte*; (übertragen) *Kinderschuhe*

La domotique en France n'en est qu'à ses débuts en comparaison avec les Etats-Unis.	*Verglichen mit den Vereinigten Staaten steckt die Haustechnik in Frankreich noch in den Kinderschuhen.*

2. (Künstler, kein FF) *Debüt* (s. links)

décorateur [dekɔratœr] m.
Dekorateur, kein FF (s. links, 2. Bedeutung)

Delikatesse f.
(kulinarisch) *régal (m.); spécialité (f.) gastronomique*

Frische Steinpilze in Speck und Butter mit klein geschnittenen Zwiebeln gedünstet sind eine wahre Delikatesse.	*Des cèpes frais cuits à l'étuvée avec du lard, du beurre et des oignons finement coupés, c'est un vrai régal[FF].*

Demonstration f.
manifestation (f.)

Die Gewerkschaften haben zu Demonstrationen aufgerufen.	*Les syndicats ont appelé à la manifestation.*
Die Abtreibungsgegner haben eine Demonstration veranstaltet, an der einige tausend Menschen teilnahmen.	*Les opposants à l'avortement ont organisé une manifestation à laquelle quelques milliers de personnes ont participé.*

demonstrieren V. tr.
1. (V. intr.) *manifester (pour / contre)*

Eine Bürgerinitiative demonstriert für die Einrichtung von mehr Radwegen in den Städten.	*Un comité de défense manifeste pour que l'on construise plus de pistes cyclables dans les villes.*

2. (V. tr.) *démontrer*; *manifester*; *prouver*; *se montrer* (+ Adj.)

Mit ihrer Entscheidung, die Promille-Grenze auf 0,5 zu senken, demonstrierte die Regierung Entschlossenheit im Kampf gegen Alkohol am Steuer.	*Ayant décidé de faire passer le taux d'alcoolémie à 0,5, le gouvernement a démontré sa détermination dans son combat contre l'ivresse au volant.*
Trotz der Bekanntgabe hoher Arbeitslosenzahlen demonstriert die Regierung weiterhin Zuversicht.	*Malgré la publication de chiffres[FF] élevés du chômage, le gouvernement continue à se montrer confiant.*

3. (V. tr.; vorführen) *expliquer*

Auf der Automobilausstellung hat der Konzernchef demonstriert, wie der neue Airbag funktioniert.	*Durant le salon de l'automobile, le président du groupe a expliqué le fonctionnement du nouveau coussin gonflable de sécurité.*

délicatesse [delikatɛs] f.
Feinheit (im Deutschen auch häufig über das Adjektiv ausgedrückt)

As-tu remarqué la délicatesse des traits de visage[FF] de ma fille?	*Ist dir schon aufgefallen, welch feine Gesichtszüge meine Tochter hat?*

démonstration [demõstrasjõ] f.
1. *Vorführung*

Une démonstration du nouvel appareil a lieu toutes les heures.	*Stündlich findet eine Vorführung des neuen Geräts statt.*

2. (frz. Pl.) *Bekundung* (*von*)
Im Deutschen ist die Wiedergabe stark idiomatisch festgelegt.

Paul accueille toujours sa mère avec des démonstrations de joie.	*Paul begrüßt seine Mutter immer mit einem großen Hallo.*

démontrer [demõtre] V. tr.
1. *beweisen; ein Beweis sein für; aufzeigen*

Les représentants des chômeurs ont démontré chiffres[FF] à l'appui que les allocations versées par les ASSEDIC ne permettaient pas de survivre.	*Die Vertreter der Arbeitslosen haben anhand von Zahlen aufgezeigt, dass man von dem, was die Arbeitslosenversicherung (ASSEDIC) zahlt, nicht leben kann.*

2. *ein Beweis sein für; zeigen*

L'augmentation du taux de chômage chez les jeunes démontre la nécessité d'une réforme de l'enseignement professionnel.	*Die zunehmende Jugendarbeitslosigkeit ist ein Beweis dafür, dass das berufliche Bildungswesen unbedingt reformiert werden muss.*

demonstrativ Adj. / Adv.
1. *ostensible (Adj.); ostentatoire (Adj.)*

Als sie im Supermarkt ihre Nachbarin, mit der sie schon seit Jahren verfeindet ist, sah, stellte sie sich demonstrativ an der anderen Kasse an.	*Lorsque dans le supermarché, elle a aperçu sa voisine avec qui elle est en mal depuis des années déjà, elle est allée de façon[FF] ostensible / ostentatoire faire la queue à l'autre caisse.*

2. (Grammatik, kein FF) *démonstratif, ve (Adj.)*

Demonstrativpronomen	*adjectif / pronom démonstratif*

Demontage f.
1. (technisch, kein FF) *démontage (m.)*

die Demontage einer Fabrikanlage	*le démontage d'une usine*

2. (übertragen*) démantèlement (m.)*

Sollten die neuen Gesetze unverändert in Kraft treten, so würde dies eine Demontage des Sozialstaates bedeuten.	*Si les nouvelles lois entraient telles quelles en vigueur, cela entraînerait un démantèlement de l'Etat[FF] providence.*

demontieren V. tr.
1. (technisch, kein FF) *démonter (V. tr.)*
2. (übertragen) *démanteler (V. tr.);* s. a. Demontage, 2. Bedeutung

demontieren

démonter

démonstratif, ve [demɔ̃stratif, -iv] Adj.
1. (Argument) *überzeugend*; *zwingend*

Qu'on ait retrouvé chez lui des seringues usagées est une preuve démonstrative qu'il se drogue.	*Die Tatsache, dass man bei ihm gebrauchte Spritzen gefunden hat, ist ein überzeugender Beweis, dass er drogenabhängig ist.*

2. *mitteilsam*; (Gefühl) *überschwänglich*; (in Negation) *zurückhaltend*; *verschlossen*

Ma mère n'a jamais été très démonstrative. Cependant, quand elle a pris dans ses bras son premier petit-fils, elle a été émue aux larmes.	*Meine Mutter brachte ihre Gefühle nie überschwänglich zum Ausdruck. Als sie jedoch ihren ersten Enkelsohn in den Armen hielt, war sie zu Tränen gerührt.*

3. (Grammatik) *Demonstrativ-*; *hinweisend*, kein FF (s. links, 2. Bedeutung)

démontage [demɔ̃taʒ] m.
Demontage; *Ausbau; das Abmontieren*, kein FF (s. links, 1. Bedeutung sowie démonter, 1. Bedeutung)

démonter [demɔ̃te] V. tr.
1. (technisch, kein FF) *demontieren*; *abbauen*; *zerlegen*; *ausbauen*
2. (Reiten) *abwerfen*

Ce n'est pas la première fois que ce cheval fougueux démonte son cavalier.	*Es ist nicht das erste Mal, dass dieses feurige Pferd seinen Reiter abwirft.*

3. *aus der Fassung bringen*; *verunsichern*

L'aplomb de cette gamine de 13 ans démonte tous les professeurs.	*Mit ihren frechen Bemerkungen bringt diese 13jährige Göre alle Lehrer aus der Fassung.*

devot Adj.
obséquieux, se (Adj.); servile (Adj.)

Ich kann diesen karrieresüchtigen Typen nicht ausstehen, mit seiner devoten Haltung dem Chef gegenüber, nur damit er bald auf der Karriereleiter eine Sprosse nach oben klettern kann.	*Je ne supporte pas ce carriériste et son attitude obséquieuse / servile devant son supérieur. Et dans quel but? Tout simplement pour pouvoir vite arriver à l'échelon supérieur.*

dezent Adj. / Adv.
1. (Haltung) *réservé, e (Adj.); discret, ète (Adj.)*

Er, der sonst immer eine große Klappe hat, hielt sich bei dieser Diskussion merkwürdigerweise dezent im Hintergrund.	*Lui qui l'ouvre toujours s'est, chose curieuse, montré très réservé / discret durant la discussion, sans se mettre au premier plan[FF].*

2. (Musik) *doux, ce (Adj.)*

Ich liebe diese Winterabende, wenn wir gemütlich am Kamin sitzen, im Hintergrund dezente Musik und dazu ein schönes Gläschen Wein.	*Que j'aime passer les soirées d'hiver au coin du feu avec un bon verre de vin et de la musique douce.*

3. (Muster) *neutre (Adj.)*

Für diesen kleinen Raum würde ich eher eine dezent gemusterte Tapete[FF] wählen.	*Je crois qu'il vaudrait mieux choisir un papier peint neutre à cause de l'exiguïté de la pièce.*

dévot, e [devo, -ɔt] Adj.
fromm; (abwertend) *frömmelnd; bigott*

dévot, e [devo, -ɔt] m. / f.
1. *Frommer; Fromme; frommer Mensch*

C'est dans leur foi que beaucoup de dévots puisent leur force extraordinaire.	*Viele fromme Menschen schöpfen aus ihrem Glauben eine immense Kraft.*

2. (abwertend) *Frömmler; Frömmlerin; frömmelnder Mensch; bigotter Mensch*

Chaque dimanche, elle court à l'église, fait la dévote et chez elle, elle n'est même pas capable de s'occuper de sa mère qui est malade.	*Da läuft sie jeden Sonntag in die Kirche, tut weiß Gott wie fromm und zu Hause kümmert sie sich nicht einmal um ihre kranke Mutter.*

décent, e [desã, -ãt] Adj.
1. *anständig; gesittet; korrekt*

Vous êtes prié d'avoir une tenue décente pour pénétrer dans l'église.	*Bitte betreten Sie die Kirche nur korrekt gekleidet.*

2. *annehmbar; akzeptabel; brauchbar*

Pour avoir commencé le piano il y a deux ans à peine, je trouve qu'elle joue d'une façon[FF] décente.	*Dafür, dass sie erst vor knapp zwei Jahren mit dem Klavierspielen angefangen hat, spielt sie meiner Meinung nach schon recht brauchbar.*

Diät f.
régime (m.)

Kartoffeldiät, Reisdiät, Eierdiät – jetzt habe ich schon die x-te Abmagerungskur gemacht und nach wenigen Wochen habe ich wieder mein altes Gewicht.	*Le régime pommes de terre, le régime riz et le régime œufs durs. C'est la je ne sais combientième cure d'amaigrissement que je fais et toujours avec le même résultat: au bout de quelques semaines, j'ai rattrapé mon poids initial.*

differenzieren (zwischen) V. intr.
faire la différence (entre)

Im Telekommunikationsbereich kommt es vielfach zu begrifflichen Verwechslungen. So ist zum Beispiel zu differenzieren zwischen schnurlosem Telefon und Handy.	*Dans le domaine des télécommunications, on confond souvent les termes. Par exemple, il faut faire la différence entre un téléphone sans fil et un portable.*

Dirigent m.
chef (m.) d'orchestre

Das Konzertpublikum war begeistert und spendete Orchester und Dirigent minutenlang Beifall.	*Le public était enthousiasmé et a applaudi les musiciens et le chef d'orchestre pendant plusieurs minutes.*

Dirigent

dirigeant

diète [djɛt] f.
Verzicht auf feste Nahrung; in der Allgemeinsprache bedeutet diète einen krankheitsbedingten, vorübergehenden Verzicht auf feste Nahrung – im Unterschied zu régime, das man über längere Zeit (zur Gewichtsreduktion oder aus Gesundheitsgründen) verfolgt.

A cause d'un dérangement intestinal, je me suis mis à la diète: bouillon de légume et infusion[FF], c'est tout.	*Wegen einer Darmverstimmung nehme ich erst einmal keine feste Nahrung zu mir; es gibt nur Gemüsebrühe und Kräutertee.*

différencier [diferɑ̃sje] V. tr.
sich unterscheiden in; zu unterscheiden sein; es unterscheidet jdn. von

Nous avons dans notre club de foot deux jumeaux qui se ressemblent tant que nous les différencions seulement grâce à leurs numéros.	*In unserem Fußballverein spielen Zwillingsbrüder, die sich so sehr ähneln, dass sie nur durch ihre Rückennummern zu unterscheiden sind.*

dirigeant [diriʒɑ̃] m.
Leiter; (in Zusammensetzungen) *-führer;* (frz. Pl.) *Führungsetage*; *Führungskräfte; Leitung; Management*

Les dirigeants des syndicats ont lancé un ordre[FF] de grève pour la semaine prochaine.	*Die Gewerkschaftsführer haben für die kommende Woche zum Streik aufgerufen.*
Les dirigeants de l'entreprise ont l'intention de prendre position sur les projets de fusion lors d'une conférence[FF] de presse.	*Die Unternehmensleitung will auf einer Pressekonferenz zu den Fusionsplänen Stellung nehmen.*

dirigeant, e [diriʒɑ̃, -ɑ̃t] Adj.
führend; beherrschend; bestimmend

Après la révolution industrielle, c'est la bourgeoisie qui en France est devenue la classe dirigeante.	*Nach der industriellen Revolution ist in Frankreich die Bougeoisie zur führenden Schicht geworden.*

diskriminieren V. tr.
1. (Rechte) *discrimination (f.);* wird im Französischen über das Substantiv ausgedrückt.

Auch in den führenden Industriestaaten werden heutzutage immer noch Menschen wegen ihrer Rasse diskriminiert.	*Même dans les principaux pays industrialisés, la discrimination raciale touche encore beaucoup de personnes.*

2. (Ansehen) *discréditer (V. tr.)*

Ist Ihnen eigentlich klar, dass Sie mich mit Ihrer Äußerung in der Öffentlichkeit diskriminiert haben?	*Ne vous rendez-vous pas compte qu'en faisant cette remarque vous m'avez discrédité en public?*

diskriminierend Adj.
discriminatoire (Adj.)

Diese diskriminierende Äußerung uns Frauen gegenüber haben Sie doch hoffentlich nicht ernst gemeint!	*J'espère bien que votre remarque discriminatoire à notre encontre, nous, les femmes, n'est pas à prendre au sérieux!*

Dissertation f.
thèse (f.)

Hat euer Sohn seine Dissertation schon abgeschlossen? – Nein, er hat auf Anraten seines Doktorvaters den Aufbau der Arbeit noch einmal etwas verändert. – Worüber schreibt er eigentlich? – Den genauen Titel kann ich dir nicht sagen, aber es hat mit Fremdsprachenerwerb zu tun.	*Votre fils a terminé sa thèse? – Non, sur les conseils de son directeur de thèse, il a un peu changé l'articulation. – Quel en est le sujet? – Je ne peux pas te dire le titre exact, mais sa thèse porte sur l'apprentissage des langues étrangères.*

discriminer [diskrimine] V. tr.
(veraltet) *unterscheiden*; *trennen (von)*

discriminant [diskriminã]
Partizip Präsens von discriminer (s. discriminer)

dissertation [disɛrtasjõ] f.
(Gymnasium) *Aufsatz*

En terminale, nous avions une dissertation à rendre une fois par semaine. Chaque week-end, c'était la panique complète: quel sujet bizarre, qu'est-ce que je pourrai bien raconter?	*In der Abiturklasse mussten wir einmal pro Woche einen Aufsatz abgeben und damit herrschte jedes Wochenende totale Aufregung: Was soll ich nur zu diesem komischen Thema[FF] schreiben?*

dokumentieren V. tr.
prouver (V. tr.); montrer (V. tr.)

Wie groß[FF] der Wille zu einer friedlichen Lösung ist, wird dadurch dokumentiert, dass die verfeindeten Parteien alle Kriegsgefangenen freigelassen haben.	*Que les belligérants aient libéré les prisonniers de guerre, prouve / montre qu'ils veulent arriver à une solution pacifique.*

sich dokumentieren V. refl.
1. *montrer (V. tr.); refléter (V. tr.)*

In der Farbgestaltung seiner Bilder dokumentiert sich die ganze Lebensfreude des Malers.	*La palette de ce peintre reflète toute sa joie de vivre.*

2. (Recherche, kein FF) *se documenter*

Dom m.
cathédrale (f.)

Immer wenn ich den Kölner Dom betrete, bin ich zutiefst beeindruckt von der architektonischen Meisterleistung.	*A chaque fois que j'entre dans la cathédrale de Cologne, je suis profondément impressionné par ce chef-d'œuvre architectonique.*

dotiert Adj.
1. (Arbeitsverhältnis) *rémunéré, e (Adj.); payé, e (Adj.)*

Er hat zwar einen hoch dotierten Posten im Unternehmen, dafür aber auch kaum mehr Zeit für Privatleben und Familie.	*Certes, il a un poste[FF] très bien rémunéré / payé dans l'entreprise, mais du coup il n'a presque plus le temps de se consacrer à sa famille ni à sa vie privée.*

2. (Wettbewerb, kein FF) *doté, e (d'un prix s'élevant à)*

der mit 5000 Euro dotierte Musikwettbewerb	*le concours de musique doté d'un prix s'élevant à 5 000 euros.*

documenter [dɔkymɑ̃te] V. tr.
informieren; Informationen geben; Aufschluss geben; dokumentieren; belegen; (als Partizip Perfekt verwendet) *recherchiert*

Les peintures rupestres dans la grotte de Lascaux nous documentent sur la vie à l'âge de pierre.	*Die Felsmalereien in der Höhle von Lascaux geben Aufschluss über das Leben in der Steinzeit.*
Il a fait un exposé bien documenté sur son voyage au Sahara.	*Er hat einen gut recherchierten Vortrag über seine Saharareise gehalten.*

se documenter [sədɔkymɑ̃te] V. refl.
recherchieren; sich Informationen beschaffen; sich Unterlagen beschaffen; kein FF

dôme [dom] m.
1. *Kuppel*

Actuellement, vous ne pouvez pas visiter la cathédrale, car le dôme est en réfection.	*Derzeit können Sie den Dom nicht besichtigen, da die Kuppel renoviert wird.*

2. (Eigennamen, in Zusammensetzungen) *-dom*

le dôme des Invalides	*Invalidendom*

doter [dɔte] V. tr.
1. *versehen (mit); ausstatten (mit)*; in der passivischen Variante doté ist die Eigenbedeutung recht schwach, es genügt häufig die Übersetzung mit *haben* oder über die Präposition *mit*.

Son atelier[FF] est doté des appareils les plus modernes.	*Seine Werkstatt ist mit den allerneuesten Geräten ausgestattet. / Er hat eine Werkstatt mit den allerneuesten Geräten.*

2. (Preisgeld) *dotiert*, kein FF (s. links, 2. Bedeutung)

Double n.
doublure (f.); cascadeur (m.)

Es war immer sein Ehrgeiz, bei den Dreharbeiten auch in gefährlichen Szenen ohne Double zu arbeiten.	*Il mettait son point d'honneur à jouer sans doublure / cascadeur pendant le tournage, même pour les scènes dangereuses.*

Double

double

double [dubl] Adj.
1. *doppelt* (*so groß, hoch* etc.); *Doppel-*; *(in) zweifach(er) (Hinsicht)*

Vous trouverez sous ce pli votre contrat en double exemplaire.	*Anbei übersenden wir Ihnen Ihren Vertrag in doppelter Ausfertigung.*
Après cette frayeur, j'ai besoin d'un double-whisky.	*Auf diesen Schreck brauche ich einen doppelten Whisky.*

2. *doppeldeutig*; *zweideutig*

Et comme d'habitude, il a terminé son discours par une phrase à double sens.	*Und wie immer hat er seine Rede mit einem doppeldeutigen Satz beendet.*

double [dubl] m.
1. *das Doppelte*

Nous avons les mêmes diplômes, la même expérience professionnelle et pourtant, il gagne le double.	*Wir haben den gleichen Abschluss, die gleiche Berufserfahrung und dennoch verdient er das Doppelte.*

2. *Durchschlag*; *Kopie*; *Doppel; Abschrift*

Comment? Le notaire ne t'a pas envoyé un double de l'acte[FF] de vente?	*Was, der Notar hat dir keine Abschrift der Kaufurkunde geschickt?*

3. (Nachbildung) *Zweit-*

J'ai fait faire un double de la clé de l'appartement[FF] et c'est ma mère qui le garde.	*Ich habe für meine Wohnung einen Zweitschlüssel anfertigen lassen und ihn meiner Mutter gegeben.*

double [dubl] Adv.
doppelt

Je suis si fatigué que je vois double, ou alors c'est que j'ai peut-être besoin de lunettes.	*Ich bin so müde, dass ich schon alles doppelt sehe, oder ich brauche vielleicht eine Brille.*

Dramatik f.
Dieses Substantiv kann im Französischen nur über ein Adjektiv wiedergegeben werden.
1. (Spannung) *dramatique (Adj.)*

Die letzten Minuten des Fußballspiels waren an Dramatik kaum zu überbieten.	*Les dernières minutes du match de football étaient plus que dramatiques.*

2. (Dichtkunst) *art (m.) dramatique*

Einer der großen deutschen Vertreter der Dramatik ist Georg Büchner.	*Georg Büchner est l'une des grandes figures[FF] de l'art dramatique allemand.*

drastisch Adj. / Adv.
1. (Wortwahl) *cru, e (Adj.)*

Mit ihrer drastischen Ausdrucksweise trifft sie zwar den Nagel meist auf den Kopf, sie wirkt aber dadurch etwas derb und nicht gerade charmant.	*Il est vrai qu'avec son parler cru elle touche juste, mais elle apparaît un peu rude[FF] et pas très charmante.*

2. (Maßnahmen, kein FF) *drastique (Adj.); rigoureux, se (Adj.)*

drastische Maßnahmen zur Bekämpfung der Kriminalität fordern	*exiger des mesures drastiques pour lutter contre la criminalité*

dramatique [dramatik] f.
(Fernsehen) *Verfilmung* (eines literarischen Werks)

Moi, qui n'aime pas lire, je préfère regarder des dramatiques, même si elles sont souvent diffusées très tard.	*Ich, der ich so ungern lese, schaue mir lieber Verfilmungen von großen[FF] Werken im Fernsehen an, auch wenn diese oft erst recht spät gesendet werden.*

dramatique [dramatik] Adj.
1. (Theater) *Schauspiel-; Bühnen-*

Le genre dramatique ne m'a jamais tenté, je préfère écrire des romans.	*Bühnenstücke / Theaterstücke haben mich nie besonders gereizt; ich schreibe lieber Romane.*

2. (kein FF) *dramatisch; gefährlich*

la situation devient dramatique	*die Lage wird dramatisch*

drastique [drastik] Adj.
stark (wirkend); (sofort) wirkend

J'ai un mal de ventre épouvantable. Tu n'as pas un remède à me conseiller? – Si, prends celui-ci. Tu verras, il est drastique.	*Ich habe fürchterliche Bauchschmerzen. Du weißt nicht zufällig ein gutes Mittel? – Doch, nimm das da. Du wirst sehen, das wirkt sofort.*

Unter dem Einfluss des Englischen hat drastique auch die Bedeutung *drastisch, drakonisch* (s. links, 2. Bedeutung) angenommen.

effektiv Adj.

1. (Wirksamkeit) *efficace (Adj.)*

Der meines Erachtens effektivste Schutz vor Schimmelbefall ist das regelmäßige Lüften der Wohn- und Schlafräume.	*A mon avis, aérer régulièrement les pièces est la protection la plus efficace contre la formation de moisissure.*

2. *effectif, ve (Adj.); réel, le (Adj.)*

Er redet zwar den ganzen Tag davon, dass man etwas tun müsste, aber wenn es darum geht, effektiv etwas zu leisten, dann ist man bei ihm an der falschen Adresse.	*Il répète toute la journée que l'on devrait faire quelque chose. Mais, quand il s'agit effectivement / réellement d'agir, là, on se trompe d'adresse.*

egal Adj.

1. (kein FF; nur in Verbindung mit *cela, c'est*) *égal, e (Adj.)*

Es ist mir völlig egal, was Sie von mir denken.	*Savoir ce que vous pensez de moi, ça m'est complètement égal.*

2. (mit nachfolgender Ergänzung) *peu importe*

Leider hat man mir gestern meinen Führerschein abgenommen und leider habe ich auch keinen Flug mehr bekommen, aber ich werde auf jeden Fall morgen zu deiner Geburtstagsparty kommen, egal wie. Irgendetwas wird mir schon einfallen.	*Hier, malheureusement, on m'a retiré mon permis et, malheureusement, il n'y avait plus de place non plus dans l'avion. Mais en tout cas, je viendrai demain à la fête[FF] que tu donnes pour ton anniversaire, peu importe comment: j'arriverai bien à trouver un moyen.*

3. (selten; gleiche Größe, Beschaffenheit) *égal, e (Adj.)*; siehe rechts, 1. Bedeutung

effectif, ve [efɛktif, -iv] Adj.
wirklich; tatsächlich; effektiv; kein FF (s. links, 2. Bedeutung)

effectif [efɛktif] m.
Personalbestand (frz. meist Pl.); *Belegschaft* (frz. meist Pl.); (Klasse) *Stärke*

Au regard des carnets de commande peu garnis, les effectifs de notre entreprise devront au cours des deux années à venir être réduits de 20 %.	*Angesichts der schlechten Auftragslage muss der Personalbestand unseres Unternehmens in den nächsten zwei Jahren um 20 % verringert werden.*
Actuellement, les effectifs des classes s'élèvent en moyenne à 28 élèves, ce qui est du point de vue pédagogique très problématique.	*Die durchschnittliche Klassenstärke beträgt derzeit 28 Schüler, was aus pädagogischer Sicht sehr problematisch ist.*

égal, e [egal] Adj.
1. *gleich (groß, stark, hoch* etc.*)*; s. auch links

à intervalles égaux	*in gleichen Abständen*
combattre à armes égales	*mit (den) gleichen Waffen kämpfen*
être de valeur égale	*gleichwertig sein*
une performance sans égale	*eine einzigartige / unvergleichliche Leistung*
L'héritage a été partagé en parts égales entre les enfants.	*Das Erbe wurde zu gleichen Teilen unter den Kindern aufgeteilt.*
Tous les hommes sont égaux devant la loi.	*Alle Menschen sind vor dem Gesetz gleich.*

2. (Wesen) *ausgeglichen*

Tu as l'air fatigué, pourquoi? – Je sors du cours de Dupont. Il était d'une humeur[FF] massacrante. – Tu suivrais le cours de Duval, tu apprécierais son caractère égal.	*Warum siehst du so müde aus? – Ich hatte gerade Vorlesung bei Dupont. Der hatte eine Stinklaune. – Da solltest du lieber in die Vorlesung von Duval gehen. Seine ausgeglichene Art würdest du schätzen.*

3. *gleichgültig; einerlei,* kein FF (s. links, 1. Bedeutung)

eskalieren V. intr.
attiser (V. tr.); envenimer (V. tr.)

Der Moderator hätte es nicht zulassen dürfen, dass die Diskussion derart eskaliert und es beinahe zu einer Schlägerei im Studio gekommen wäre.	*Que les interlocuteurs aient tant attisé / envenimé la discussion et qu'ils en soient presque venus aux mains, c'est ce que le présentateur aurait dû empêcher.*

Etablissement n.
boîte de nuit (f.)

Mehrere Minister sollen in einem zweifelhaften Etablissement gesehen worden sein. Die Boulevardpresse kündigt bereits sensationelle Enthüllungen an.	*Plusieurs ministres auraient été vus dans une boîte de nuit douteuse. La presse à sensation annonce déjà des révélations extraordinaires.*

escalader [ɛskalade] V. tr.
klettern (über); steigen (über); besteigen; erklimmen

L'été dernier, nous avons escaladé le Mont-Blanc avec des amis[FF].	*Im vergangenen Sommer haben wir mit Freunden den Mont-Blanc bestiegen.*

eskalieren

escalader

établissement [etablismɑ̃] m.
Die Wiedergabe ist stark kontextabhängig; zum Teil wird über ein Verb übersetzt, zum Teil ist die Bedeutung des frz. Substantivs so schwach (s. 3. Bedeutung), dass es unübersetzt bleibt.
1. *Begründung; Errichtung; Schaffung*

L'établissement du Premier Empire par Napoléon a été aussi rapide que sa disparition.	*Das von Napoleon geschaffene Kaiserreich ging ebenso schnell unter, wie es entstanden war.*

2. *Betrieb; Werk*; (frz. meist Pl.) *Firma; Anstalt; Einrichtung*

Nos établissements seront fermés au mois d'août.	*Unsere Firma / unser Betrieb hat im August geschlossen.*
Que cette bourgade ait un établissement hospitalier si moderne, c'est étonnant.	*Es ist erstaunlich, dass es in dieser Kleinstadt ein derart modernes Krankenhaus gibt.*
En Auvergne, il y a beaucoup d'établissements thermaux.	*In der Auvergne gibt es viele Thermalbäder.*

3. (substantivierter Gebrauch des Verbs, zum Teil schwache Bedeutung) *Erstellen*; *Ausstellen; Abfassung; Festlegung*

Ce plombier demande 50 euros pour l'établissement du devis.	*Dieser Klempner verlangt für einen Kostenvoranschlag / für das Erstellen eines Kostenvoranschlags 50 Euro.*

Etat m.
budget (m.)

Die Abgeordneten debattierten heftig über den Staatsetat, wobei sich Regierung und Opposition gegenseitig Versagen in Haushaltsfragen vorwarfen.	*Les députés ont vivement débattu le budget et gouvernement et opposition se sont réciproquement reproché d'avoir échoué en ce qui concerne le budget.*
Du, ich geb' dir schon mal eine Liste mit den Fernsehsendungen, die ich mir nächste Woche gern bei dir anschauen würde. – Ah ja? Ich meine, du bist zwar jederzeit willkommen, Paul, aber findest du nicht, du solltest dir vielleicht ein eigenes Gerät zulegen? – Irgendwann schon, aber momentan übersteigt eine solche Anschaffung meinen Etat.	*Attends, je te donne la liste des émissions que j'aimerais bien voir chez toi la semaine prochaine. – Ecoute, Paul, tu es toujours le bienvenu, cependant tu pourrais peut-être t'acheter un téléviseur? – Ça viendra, mais mon budget actuellement ne me le permet pas.*

evangelisch Adj.
protestant, e (Adj.)

Sie haben vergessen, auf dem Fragebogen Ihre Konfession anzugeben. – Ich bin evangelisch. – Danke, dann trage ich das noch nach.	*Vous avez oublié d'indiquer votre religion sur le questionnaire. – Je suis protestant. – Merci, alors je l'inscris.*

In der Verbindung evangelische Kirche (Gebäude) verwendet der Franzose *temple (m.)* in Abgrenzung zu katholische Kirche (Gebäude), was mit *église (f.)* übersetzt wird. Für die evangelische Kirche (als Glaubensbezug) wird *évangélique* gebraucht.

expansiv Adj.
(in Zusammensetzungen) *d'expansion*

Der Konzern betreibt seit Jahren eine expansive Geschäftspolitik. Allein im vergangenen Jahr hat man drei ausländische Unternehmen aufgekauft.	*Depuis des années, le groupe mène une politique d'expansion. Rien que l'année dernière, il a racheté trois entreprises étrangères.*

Etat [eta] m.
Staat

Depuis la promulgation de la loi sur la séparation de l'Eglise et de l'Etat en 1905, l'Eglise ne se mêle pas des affaires[FF] de l'Etat et vice versa.	*Seit der Verkündigung des Gesetzes über die Trennung von Kirche und Staat im Jahre 1905 mischt sich die Kirche nicht mehr in Staatsangelegenheiten ein und umgekehrt.*

état [eta] m.
1. *Zustand; Verfassung; Stand; -bereitschaft*

Comme un attentat à la bombe dans l'aéroport a été annoncé[FF], pompiers et policiers étaient en état d'alerte.	*Wegen einer Bombendrohung am Flughafen waren Polizei und Feuerwehr in Alarmbereitschaft.*

2. (nur in der Wendung: de son état) *von Beruf; seines Zeichens*

Son mari est artiste peintre de son état.	*Ihr Mann ist Kunstmaler von Beruf.*

évangélique [evɑ̃ʒelik] Adj.
evangelisch; evangelisch-reformiert

l'Eglise luthérienne évangélique	*die evangelisch-lutherische Kirche*

expansif, ve [ɛkspɑ̃sif, -iv] Adj.
mitteilsam; offenherzig; kontaktfreudig

Tu connais le nouvel ami[FF] de Christine? C'est un méridional, si tu savais comme il est expansif!	*Kennst du den neuen Freund von Christine? Er ist Südfranzose und unheimlich kontaktfreudig.*

extern Adj.
1. (Prüfung) *candidat, e (m. / f.) libre*

ein Examen als externer Prüfling machen	*passer un examen en candidat libre*

2. (Internat, kein FF) *externe (m. / f.)*

In diesem Internat sind 25 Prozent externe Schüler.	*Dans cet internat, le quart des élèves sont des externes.*

extra Adv.
1. (zusätzlich) *en plus (adv. Wend.); supplément (m.)*

Können Sie mir den Cognac als Geschenk verpacken? – Selbstverständlich. – Ich zahle das natürlich extra. – Ich bitte Sie, das kostet doch nichts extra, das gehört zum Service unseres Hauses.	*Pourriez-vous me faire un paquet-cadeau pour la bouteille de cognac? – Bien sûr. – Je paie naturellement le supplément. – Je vous en prie, ça ne coûte pas en plus. C'est un des services de la maison.*

2. (Intensität) *vraiment (Adv.)*

Ich glaube, heute brauche ich einen extra starken Kaffee, damit mein Kreislauf wieder in Schwung kommt.	*Je crois qu'aujourd'hui il me faut un café^FF vraiment fort, car j'ai des problèmes de circulation.*

3. (Absicht) *exprès (Adv.)*

Ich habe bei der Bestellung extra meine neue Anschrift angegeben, und jetzt ist die Ware doch wieder an die alte Adresse geliefert worden.	*Quand j'ai passé ma commande, j'ai donné exprès ma nouvelle adresse et voilà que la marchandise a été de nouveau livrée à mon ancienne adresse.*

Extra n.
accessoire (m.)

Kabriolett mit vielen Extras umständehalber zu verkaufen. Preis: Verhandlungsbasis.	*Pour raisons personnelles, voiture décapotable avec de nombreux accessoires à vendre. Prix à débattre.*

externe [ɛkstɛrn] Adj.
äußerlich; Außen-

J'aimerais vous signaler que c'est seulement un médicament à usage externe.	*Ich möchte Sie darauf hinweisen, dass dieses Medikament nur zur äußerlichen Anwendung bestimmt ist.*
La partie externe de l'oreille est moins complexe que la partie interne.	*Das Außenohr ist weniger kompliziert aufgebaut als das Innenohr.*

externe [ɛkstɛrn] m. / f.
externer Schüler; Externer, kein FF (s. links, 2. Bedeutung)

extra [ɛkstra] Adj.
ausgezeichnet; prima; super

Notre séjour à Euro Disneyland, c'était extra!	*Unser Aufenthalt im Euro-Disneyland war super!*

extra [ɛkstra] m.
1. (kulinarisch) *etwas Besonderes; etwas Außergewöhnliches*

Il est vrai que mon médecin m'a ordonné de suivre un régime très sévère, mais le jour de Noël je me suis offert un extra.	*Der Arzt hat mir zwar strenge Diät[FF] verordnet, aber an Weihnachten habe ich mir dennoch etwas Besonderes gegönnt.*

2. (Hilfskraft für Empfänge) *Aushilfskellner; Aushilfe*

Lorsque nous donnons de grandes réceptions, je fais toujours venir un ou deux extra(s) pour mieux pouvoir me consacrer à mes invités.	*Wenn wir größere Einladungen haben, dann lasse ich immer ein bis zwei Aushilfskellner kommen, damit ich mehr Zeit für die Gäste habe.*

familiär Adj. (stark idiomatisch festgelegt)
1. *familier, ère (Adj.,* kein FF*)*; s. rechts, 2. Bedeutung
2. (die Familie betreffend) *familial, e (Adj.)*

aus familiären Gründen	*pour des raisons familiales*

famos Adj. / Adv.
magnifique (Adj.); sublime (Adj.)

Island im September – ein grandioses Naturerlebnis in famoser Landschaft.	*Partez en Islande en septembre. Vous découvrirez une nature grandiose et des paysages magnifiques / sublimes.*

familier, ère [familje, -jɛr] Adj.
1. *geläufig; üblich; gewohnt; vertraut*

Lorsque l'enfant a entendu la voix familière de sa mère, il a commencé à se calmer.	*Als das Kind die vertraute Stimme seiner Mutter hörte, beruhigte es sich langsam.*

2. (kein FF) *ungezwungen; zwanglos; entspannt, familiär*

L'entretien a eu lieu dans une atmosphère familière.	*Das Gespräch fand in einer entspannten Atmosphäre statt.*

3. *umgangssprachlich; Umgangs-*

langage (m.) familier	*Umgangssprache*

familier [familje] m.
Freund des Hauses; häufiger Gast; (adverbiell) *häufig zu Gast*

Pourquoi est-ce que le chien aboie tant aujourd'hui? Il connaît bien Robert. C'est un familier de la maison.	*Warum bellt denn der Hund heute so? Er kennt Robert doch. Er ist oft bei uns zu Gast.*

fameux, se [famø, -øz] Adj.
1. (nachgestellt, a. ironisch) *berühmt; bekannt; denkwürdig*

Certes, elle s'est très souvent emballée pour ce vin fameux, mais quand on est invité chez elle, elle n'en sert jamais une goutte.	*Sie hat zwar schon oft von diesem berühmten Wein geschwärmt, aber wenn man bei ihr zu Besuch ist, dann haben wir noch nie einen Tropfen davon bekommen.*

2. (nachgestellt) *ausgezeichnet; hervorragend*; (verneint) *nicht berühmt; nicht besonders*

La Hollande a vu naître des peintres fameux. Pensons simplement à van Gogh et à Rembrandt.	*Holland hat hervorragende Maler hervorgebracht, man denke nur an van Gogh und Rembrandt.*

3. (vorangestellt, ugs.) *riesig; gewaltig; gehörig; tüchtig; ganz schön*

Il a dû faire une fameuse sottise pour être ainsi balancé[FF] du jour au lendemain.	*Er muss eine ganz schöne Dummheit gemacht haben, sonst wäre er doch nicht von heute auf morgen gefeuert worden.*

Fantasie f.
imagination (f.)

Hausaufgabe für morgen ist ein Aufsatz zum Thema[FF]: Was wäre, wenn ich nicht mehr in die Schule müsste? Ihr könnt dabei eurer Fantasie freien Lauf lassen.	*Pour demain, vous faites une rédaction dont voici le sujet: Que se passerait-il si je n'étais plus obligé d'aller à l'école? Vous pouvez laisser libre cours à votre imagination.*

Fasson f.
1. (Schnitt bei Kleidungsstücken, kein FF) *façon (f.)*

Ihr Mantel ist auch nicht gerade die allerneueste Fasson.	*La façon de son manteau n'est pas des plus récentes.*

2. (Formbeständigkeit) *forme (f.)*

Wir beglückwünschen Sie zum Kauf dieses Hutes! Dank der hochwertigen Materialien und der sorgfältigen Verarbeitung hält er sehr lange die Fasson.	*Bravo! Vous venez d'acheter un chapeau qui grâce à la très grande qualité de son tissu et à sa confection très soignée gardera longtemps sa forme.*

3. (Lebensweise, kein FF) *façon (f.)*

Jeder soll nach seiner Fasson glücklich werden.	*A chacun sa façon d'être heureux.*

fantaisie [fɑ̃tezi] f.
1. (Kaprice) *(plötzliche) Lust*

Nous avons eu la fantaisie d'aller passer un week-end à Paris.	*Es packte uns plötzlich die Lust, ein Wochenende in Paris zu verbringen.*

2. (Freiheit) *Belieben; machen (können), was man will*

Me voilà enfin avec quelques heures de temps libre que je peux occuper à ma fantaisie.	*Endlich einmal ein paar Stunden Zeit, in denen ich machen kann, was ich will.*

3. (Kreativität) *schöpferisches Talent; (kreativer) Einfall; Ideen haben;* (verneint) *Monotonie*
4. (adjektivische Wendung) *falsch; erfunden* (in Zusammensetzungen zum Teil idiomatisch festgelegt)

des bijoux de fantaisie	*Modeschmuck*
nom (m.) de fantaisie	*erfundener Name*

façon [fasõ] f.
1. *Art; Weise; Art und Weise* (vielfach idiomatisch festgelegt)

Votre façon d'agir actuellement, cher collègue[FF], ne me satisfait pas du tout. Il faut que ça change.	*Ihre derzeitige Handlungsweise, verehrter Kollege[FF], gefällt mir überhaupt nicht. Hier muss sich etwas ändern.*
Une seconde, je vais vous montrer de quelle façon il faut lier la sauce.	*Einen Moment, ich werde Ihnen zeigen, wie man die Soße bindet.*

2. *Umstände; Gehabe; übertriebenes Getue; Affektiertheit*

Allez, restez dîner, il est déjà si tard. – D'accord, mais sans façon.	*Es ist schon so spät, bleiben Sie doch zum Abendessen. – Einverstanden, aber machen Sie keine Umstände.*
Je ne peux pas supporter ses façons.	*Ich kann ihr übertriebenes Getue nicht ertragen.*

3. (Mode, Verarbeitung) *Fasson*, kein FF; s. links, 1. Bedeutung.

Fauxpas m.
impair (m.)

Dem Botschafter ist ein peinlicher Fauxpas unterlaufen, als er beim Festbankett einen Toast auf die Mutter des Präsidenten ausbrachte: Diese Dame war nämlich nicht seine Mutter, sondern seine Frau.	*L'ambassadeur a commis un impair ennuyeux quand, pendant le banquet, il a levé son verre en l'honneur de la mère du président: la dame en question n'était pas en fait la mère du président, mais sa femme.*

favorisieren V. tr.
préférer (V. tr.)

Es gibt meines Erachtens zwei Möglichkeiten, wie wir die wirtschaftliche Situation unseres Unternehmens verbessern können: Entweder wir erweitern die Produktpalette oder wir verbessern die Serviceleistungen. Ich persönlich favorisiere die zweite Lösung.	*A mon avis, il y a deux possibilités d'améliorer la situation économique de notre entreprise: ou bien nous offrons une gamme de produits plus large ou bien nous améliorons les services. Pour ma part, je préfère la deuxième solution.*

Fete f.
boum (f.)

Das wird eine harte Woche: morgen die Geburtstagsfete bei meiner Klassenkameradin Christine, übermorgen die Grillparty bei meinen Eltern und am Freitag Abiturfeier.	*Quelle semaine en perspective! Demain, la boum chez ma camarade de classe Christine pour son anniversaire, après-demain le barbecue chez mes parents et vendredi la soirée organisée pour les nouveaux bacheliers.*

faux pas [fopa] m.
falscher Tritt; falscher Schritt

Pendant sa première grande randonnée après son opération du genou, il a bien veillé à ne pas faire de faux pas, car une chute aurait eu des conséquences fatales.	*Bei der ersten größeren Wanderung nach seiner Knieoperation achtete er genau darauf, keinen falschen Tritt zu machen, denn ein Sturz hätte fatale Folge gehabt.*

favoriser [favɔrize] V. tr.
begünstigen; fördern; unterstützen; bevorzugen
s. a. links; favoriser deckt im Französischen ein weiteres Bedeutungsfeld ab als *favorisieren* im Deutschen, wo es häufig durch Verben wie *bevorzugen, den Vorzug geben* ersetzt wird.

Ce chef de service favorise nettement sa nouvelle employée.	*Dieser Abteilungsleiter begünstigt eindeutig seine neue Mitarbeiterin.*
La vague de chaleur du mois de juin a favorisé la vente de glaces.	*Die Hitzewelle im Juni hat den Absatz von Speiseeis gefördert.*

fête [fɛt] f.
1. (Veranstaltung) *Fest; Feier*

Mon dieu, comme j'ai horreur des fêtes de famille!	*Gott, wie ich Familienfeiern / Familienfeste hasse!*

2. (Tag) *Festtag; Feiertag*

Les dimanches et fêtes, la boulangerie reste ouverte aux heures habituelles.	*An Sonn- und Feiertagen ist die Bäckerei zu den gewohnten Zeiten geöffnet.*

3. *Namenstag*

C'est affreux, je viens de m'apercevoir que demain c'est la fête de mon mari. Qu'est-ce que je vais bien pouvoir lui offrir?	*Wie schrecklich, mir fällt gerade ein, dass mein Mann morgen Namenstag hat. Was könnte ich ihm nur schenken?*

feudal Adj. / Adv.
1. *splendide (Adj.); magnifique (Adj.)*

Meine Schwiegereltern wohnen sehr feudal in einer Villa über dem Genfer See.	*Mes beaux-parents habitent une splendide villa au-dessus du lac Léman.*

2. *féodal, e (Adj.);* siehe rechts

Feuilleton n.
rubrique culture (f.); rubriqe littérature (f.); pages culturelles (f. Pl); pages littéraires (f. Pl.)

Jeden Morgen beim Frühstück das gleiche Bild: Mein Mann schnappt sich den Sportteil der Tageszeitung und ich stürze mich auf das Feuilleton, um mich in Sachen Kultur und Literatur auf dem Laufenden zu halten.	*Chaque matin, c'est le même scénario au petit déjeuner: mon mari attrape les pages du quotidien où se trouve la rubrique sport et moi, je me précipite sur celles de la rubrique culture pour me tenir au courant de la vie culturelle et littéraire.*

fidel Adj.
gai, e (Adj); amusant, e (Adj.); (Einzelperson) *enjoué, e (Adj.)*

Der Rentnerstammtisch, der sich einmal im Monat in unserem Lokal[FF] trifft, ist eine fidele Gesellschaft.	*Les retraités qui se retrouvent régulièrement une fois par mois dans notre restaurant, forment un groupe très gai / amusant.*
Meine Mutter hat ihre Hüftoperation gut überstanden und ist schon wieder recht fidel.	*Ma mère a bien surmonté son opération de la hanche et est à nouveau très enjouée.*

fidel

fidèle

féodal, e [feɔdal] Adj.
Feudal-; Lehns-; lehnsrechtlich; feudalistisch

Le régime féodal a perdu de son importance à la fin du Moyen-Age.	*Das Lehnwesen hat mit dem ausgehenden Mittelalter seine Bedeutung verloren.*

feuilleton [fœjtõ] m.
(Presse) *Fortsetzungsroman;* (TV, Radio) *Serie; Reihe*

Mais, où as-tu mis le journal d'hier? – Je l'ai jeté, pourquoi? – Non, mais, ça ne va pas dans ta tête, je n'ai pas encore lu le feuilleton!	*Wo hast du denn die gestrige Zeitung hingetan? – Weggeworfen, warum? – Spinnst du, ich habe doch den Fortsetzungsroman noch nicht gelesen!*

fidèle [fidɛl] Adj.
1. *zuverlässig; treu*; (Gedächtnis) *gut*; (Tier) *anhänglich;* (verbal, Zusage) *stehen zu; halten*

Je suis toujours fidèle à ma parole[FF]. un mari fidèle	*Ich halte immer mein Wort.* *ein treuer Ehemann*

2. (übertragen) *genau; -getreu*

Les témoins ont fait un récit fidèle de l'attaque à mains armées.	*Die Zeugen haben den bewaffneten Raubüberfall genau beschrieben.*

fidèle [fidɛl] m. / f.
1. *Stammkunde; Stammgast; regelmäßiger Besucher;* (verbal ausgedrückt) *regelmäßig besuchen, gehen zu, zu sehen sein bei*

Les fidèles de ce restaurant ne seront pas déçus par la cuisine du nouveau chef.	*Die Stammgäste dieses Restaurants werden von den Kochkünsten des neuen Küchenchefs nicht enttäuscht sein.*

2. (Religion) *Gläubiger*; (Partei, Interessengemeinschaft) *Anhänger*

Figur f.

1. (Körperform) *silhouette (f.)*; *ligne (f.)*

Sie können problemlos ein tailliertes[FF] Kleid tragen, bei dem Ihre Figur so richtig zur Geltung kommt. – Und dann hat man gleich einen Grund, weiterhin auf die Figur zu achten.	*Vous pouvez vous permettre de porter une robe cintrée qui mettra en valeur votre silhouette. – Et de plus, ce sera une bonne raison de faire attention à ma ligne.*

2. (Literatur) *personnage (m.)*

Die Hauptfiguren in den Romanen von Gerhart Hauptmann stammen in der Regel aus dem Arbeitermilieu.	*Les personnages principaux des romans de Gerhart Hauptmann appartiennent en général au milieu ouvrier.*

3. (Typ, Person; meist auf Männer bezogen) *type (m.)*; *individu (m.)*

An der U-Bahn-Station[FF] lungerten einige komische Figuren herum.	*Quelques types / individus bizarres traînaient dans la station[FF] de métro.*

4. (Spielstein) *pièces (f. Pl.)*; (einzelner Spielstein) *pion (m.)*

Wo bleibst du denn? Ich habe schon die Figuren aufgestellt und den ersten Zug gemacht.	*Mais, qu'est-ce que tu fais, tu arrives? J'ai déjà placé les pièces / pions et déplacé le premier pion.*

5. (prägende Persönlichkeit, kein FF) *figure (f.)*; *personnage (m.)*

die beherrschenden Figuren der Nachkriegszeit	*les figures importantes / personnages importants de l'après-guerre*

6. (Bewegungsablauf beim Tanz etc., kein FF) *figure (f.)*

Figuren aufs Eis zaubern	*exécuter à la perfection des figures sur la glace*

7. (künstlerische Darstellung, kein FF) *figure (f.)*; *figurine (f.)*

eine Figur aus Meißener Porzellan	*une figure / figurine en porcelaine de Saxe*

8. (Erscheinungsbild, kein FF) *figure (f.)*

keine gute Figur machen eine klägliche Figur abgeben	*ne pas faire bonne figure* *faire piètre figure*

figure [figyr] f.

1. *Gesicht(sausdruck)*

Hier, dans une manifestation, Paul a reçu un coup en pleine figure.	*Paul hat gestern bei einer Demonstration[FF] einen Schlag mitten ins Gesicht bekommen.*
Sa figure s'est allongée quand il a entendu cela.	*Als er das hörte, wurde sein Gesicht immer länger.*

2. *Abbildung*

voir figure 4, page 20	*siehe Abbildung 4, Seite 20*

Figur

figure

Filiale f.

1. (Lebensmittelgeschäft) *succursale (f.)*

Für unsere neue Filiale suchen wir noch Mitarbeiter.	*Pour notre nouvelle succursale, nous recherchons encore des employés.*

2. (Bank) *agence (f.); succursale (f.)*

Wegen Umbauarbeiten bleibt diese Filiale bis 1. September geschlossen. Ihre Bankgeschäfte können Sie in unserer Zweigstelle in der Bahnhofstraße 15 erledigen.	*En raison de travaux, cette agence restera fermée jusqu'au premier septembre. Vous pouvez effectuer toutes vos opérations bancaires dans la succursale se trouvant Bahnhofstraße au numéro 15.*

Film m.

1. (Schicht) *pellicule (f.);* (Anglizismus) *film (m.)*

Nach dem Tankerunglück trieb ein fünf Kilometer breiter Ölfilm auf die Küste zu.	*Après l'accident du pétrolier, une pellicule de pétrole large de cinq kilomètres se dirigeait vers les côtes.*

2. (Fotografie) *pellicule (f.)*

Du machst immer so tolle Aufnahmen. Was nimmst du denn für einen Film?	*Tu fais toujours de très bonnes photos. Quelle pellicule est-ce que tu utilises?*

3. (Kino, Video, kein FF) *film (m.)*

Dokumentarfilm	*(film) documentaire*
Kriminalfilm	*film policier*
Spielfilm	*film*
Videofilm	*film vidéo*
Aber: Film für Videokamera	*cassette (f.) (vidéo)*
Trickfilm	*dessin (m.) animé*

4. (Branche) *cinéma (m.)*

Schon als kleiner Junge träumte er davon, später einmal beim Film zu arbeiten.	*Petit garçon, il rêvait déjà de travailler dans le cinéma.*

filiale [filjal] f.
Tochtergesellschaft; Tochter

Chers collaborateurs, il est vrai que nous sommes depuis le 1er mars une filiale du groupe international Gigas, mais même après notre rachat, l'emploi dans l'entreprise restera stable.	*Liebe Mitarbeiter, wir sind zwar seit dem 1. März eine Tochtergesellschaft des internationalen Konzerns Gigas, aber auch nach dem Aufkauf unseres Unternehmens sind die Arbeitsplätze sicher.*

film [film] m.
1. (Kino, Video) *Film*, kein FF; s. links, 3. Bedeutung
2. (Zeitraum) *kurzer Rückblick, kurze Zusammenfassung*

Chers téléspectateurs, voici tout d'abord le film des événements de cette journée historique.	*Verehrte Zuschauer, zunächst sehen Sie eine kurze Zusammenfassung der Ereignisse dieses historischen Tages.*

3. *Folie*; s. dort, 1. Bedeutung

Finesse f.

1. *trucs (m. Pl.); secrets (m. Pl.); subtilité (f.)*

Gegen ihn habt ihr keine Chance[FF]; er ist ein absoluter Profi und beherrscht alle Finessen des Kartenspiels.	*Contre lui, vous n'avez aucune chance[FF] de gagner. C'est un pro achevé qui maîtrise tous les trucs / secrets des jeux de cartes.*
Mit welch taktischer Finesse er diese Verhandlung geführt hat! Hut ab!	*Quelle subtilité tactique lorsqu'il a mené la négociation! Chapeau!*

2. (Ausstattung; wird über Adj. übersetzt) *sophistiqué, e (Adj.)*

Meine Oma hat bei einem Preisausschreiben einen Videorekorder mit allen Finessen gewonnen. Ich kann mir kaum vorstellen, dass sie den je benutzt, da sie manchmal schon Probleme mit der Fernbedienung des Fernsehers hat.	*Ma grand-mère a gagné un magnétoscope très sophistiqué à un jeu-concours. Je peux à peine m'imaginer qu'elle s'en servira un jour, car quelquefois elle a des difficultés à utiliser la télécommande de son téléviseur.*

Flair n.

atmosphère (f.)

Ich kann nur schwer mit Worten beschreiben, warum ich so gern nach Paris fahre. Es ist einfach das Flair, das diese Stadt umgibt, das mich so anzieht.	*Il m'est difficile d'exprimer pourquoi j'aime tant aller à Paris. C'est tout simplement l'atmosphère de cette ville qui m'attire tant.*

finesse [finɛs] f.
Im Deutschen oft adjektivisch ausgedrückt.
1. *Feinheit; Zierlichkeit*

Le voile de la mariée était bordé de dentelles d'une finesse extraordinaire.	*Der Schleier der Braut war mit ganz feinen Spitzen besetzt.*

2. (Verstand) *Schärfe; scharfsinnig; geistreich;* (Gehör) *Feinheit*

Notre nouveau patron[FF] est plein de finesse, c'est ce dont je me suis aperçu lorsqu'il a prononcé son premier discours truffé de bons mots.	*Unser neuer Chef ist sehr geistreich. Das habe ich gleich bei seiner ersten Rede gemerkt, die mit Bonmots gespickt war.*

3. (Qualität) *Erlesenheit*

La finesse des mets dans ce restaurant est incomparable.	*Man findet selten so erlesene Speisen wie in diesem Restaurant.*

4. (Pl.) *Nuance; subtiles Detail; Feinheiten*

Si tu lisais davantage, tu apprendrais les finesses de ta langue maternelle.	*Wenn du mehr lesen würdest, würdest du die Feinheiten deiner Muttersprache besser kennen lernen.*

5. (Pl.; a. negativ) *Feinheiten; Finessen; Raffinessen*

Les finesses de Dupont envers les femmes vont lui coûter cher, car elles frisent[FF] le harcèlement sexuel.	*Seine Raffinessen im Umgang mit den Frauen wird Dupont noch teuer bezahlen müssen, denn sie grenzen schon an sexuelle Belästigung.*

flair [flɛr] m.
1. (Tier) *Geruchssinn*

Pendant beaucoup d'opérations de sauvetage, on utilise le flair des chiens pour découvrir les survivants.	*Bei vielen Rettungseinsätzen macht man sich den Geruchssinn von Hunden zu Nutze um Überlebende aufzuspüren.*

2. (übertragen) *Spürsinn; Gespür; Riecher*

avoir du flair	*einen Riecher haben*

flanken V. tr.
centrer (V. tr.)

Der Linksaußen flankte auf das Tor und der Mittelstürmer vollendete.	*L'ailier gauche a centré près des buts et l'avant-centre a marqué.*

flanken

flanquer

florieren V. intr.
prospérer (V. intr.)

Sein kürzlich gegründetes Unternehmen floriert derart, dass er schon zwei neue Mitarbeiter einstellen muss.	*L'entreprise qu'il vient de créer prospère tellement qu'il doit déjà embaucher deux nouveaux salariés.*

flanquer [flɑ̃ke] V. tr.

1. *neben etwas stehen, bauen* etc.*; flankieren; ständig begleiten;* (Partizip Perfekt, schwache Bedeutung) *mit*

Sur votre gauche, vous apercevez la Conciergerie, flanquée de ses deux tours[FF].	*Links sehen Sie das ehemalige Staatsgefängnis von Paris, die Conciergerie, mit ihren beiden Türmen.*
Les chefs d'Etat[FF], flanqués de leurs gardes du corps, se sont rendus à pied à la cathédrale pour assister aux obsèques de la reine.	*Die Staatschefs begaben sich in Begleitung ihrer Leibwächter zu Fuß in die Kathedrale, wo sie den Trauerfeierlichkeiten für die Königin beiwohnten.*

2. (ugs.) *werfen; schmeißen*

Hier soir, j'ai flanqué dehors les amis[FF] de mon fils, car ils étaient trop bruyants.	*Gestern Abend habe ich die Freunde meines Sohnes hinausgeworfen, weil sie einen zu großen[FF] Radau machten.*

3. (ugs.) *geben; versetzen*

Flanquer sans cesse des gifles à votre fils, ce n'est pas la solution.	*Das ist auch keine Lösung, wenn Sie Ihrem Sohn eine Ohrfeige nach der anderen geben.*

fleurir [flœrir] V. tr. / V.intr.

1. (V. tr.) *mit Blumen schmücken*

Consternés, les parents et alliés se tenaient devant le cercueil fleuri de chrysanthèmes blancs.	*Bestürzt standen die Angehörigen vor dem mit weißen Chrysanthemen geschmückten Sarg.*

2. (V. intr.) *blühen; in voller Blüte stehen*

Votre jardin, c'est une merveille, surtout au printemps, quand tous les arbres fruitiers fleurissent.	*Euer Garten ist eine wahre Pracht, vor allem im Frühjahr, wenn die Obstbäume in voller Blüte stehen.*

flott Adj.

1. (flink) *rapide (Adj.)*

Mit einer etwas flotteren Bedienung würde der Wirt erheblich mehr Umsatz machen.	*Si ce patron*^FF *avait une serveuse un peu plus rapide, il ferait nettement de meilleures recettes*^FF*.*

2. (Aussehen, Kleidung) *chic (Adj. inv.);* (Wesen) *gai, e (Adj.);* (Musik) *entraînant, e (Adj.)*

Mein Opa ist mit seinen 70 Jahren noch ein heißer Typ: Immer flott gekleidet fährt er mit seinem Sportwagen zu flotter Musik in der Gegend spazieren.	*Pour ses 70 ans, mon grand-père est encore fort vert. Toujours très chic, il se ballade au volant de sa voiture de sport en écoutant de la musique entraînante.*

3. (Lebenswandel) *mener joyeuse vie*

Du, sag' mal, haben unsere Nachbarn im Lotto gewonnen, bei dem flotten Lebenswandel, den die seit einigen Monaten führen?	*Dis-moi, est-ce que nos voisins auraient gagné au loto? Tu as vu comme ils mènent joyeuse vie depuis quelques mois?*

Folie f.

1. (Verpackung) *papier (m.) cellophane*

Wenn Sie die Blumen erst heute Abend verschenken wollen, verpacke ich sie Ihnen offen gesagt nur ungern in Folie.	*A vrai dire, ça ne me plaît pas tellement d'emballer vos fleurs dans du papier cellophane si vous ne les offrez que ce soir.*
Alufolie	*papier (m.) d'aluminium*
Frischhaltefolie	*film*^FF *(m.) alimentaire*

2. (Präsentationsmaterial) *transparent (m.)*

Diese Folie eignet sich nur für Overhead-Projektoren, nicht aber zum Kopieren.	*Ce transparent*^FF *est fait seulement pour les rétroprojecteurs, pas pour les photocopieurs.*

flotte [flɔt] f.
1. (Schiffe, Flugzeuge, kein FF) *Flotte*

flotte de guerre	*Kriegsflotte*
flotte commerciale	*Handelsflotte*

2. (ugs.; meist verbal ausgedrückt) *gießen; schütten*

Vu le ciel, il va y avoir encore de la flotte ce week-end et nous avions prévu de faire une excursion à vélo. Nous n'avons vraiment pas de chance[FF].	*So wie es aussieht, wird es am Wochenende wieder schütten und dabei wollten wir doch eigentlich eine Radtour[FF] machen. Wir haben wirklich Pech.*

3. (ugs.) *Wasser*

Qu'est-ce que tu bois? – Moi, par cette chaleur, de la flotte et rien d'autre.	*Was trinkst du? – Bei dieser Hitze trinke ich nur Wasser, sonst nichts.*
Pierre, ne te penche pas comme ça, tu vas tomber à la flotte!	*Pierre, beuge dich nicht so weit nach vorne, sonst fällst du noch ins Wasser!*

folie [fɔli] f.
1. (medizinisch) *Wahnsinn; Verrücktheit; Geistesgestörtheit*

La folie de M. Durand a provoqué la ruine de sa famille.	*Mit seiner Geistesgestörtheit hat Herr Durand seine ganze Familie zu Grunde gerichtet.*
Dans un geste de folie, un homme a tué sa femme et ses enfants, puis s'est donné la mort.	*In einem Anfall von Wahnsinn hat ein Mann seine Frau, seine Kinder und dann sich selbst getötet.*
avoir la folie de la persécution	*unter Verfolgungswahn leiden*

2. (übertragen) *Dummheit; Torheit*

Mais pourquoi donc a-t-il épousé cette femme qui ne le rend pas heureux? – Sans doute une folie de jeunesse!	*Warum hat er dann diese Frau geheiratet, wenn er mit ihr nicht glücklich ist? – Wahrscheinlich eine Jugendsünde.*
faire une folie	*eine große[FF] Dummheit begehen*
faire des folies	*sich in große[FF] Unkosten stürzen*

3. (Übermaß) *wahnsinnig*

aimer qn. à la folie	*jdn. wahnsinnig lieben*
avoir la folie des grandeurs	*größenwahnsinnig sein*

Fontäne f.
jet (m.) d'eau

Viele Touristen saßen am Rand des Wasserbeckens und genossen die Kühle, die durch die hohe Fontäne entstand.	*Beaucoup de touristes étaient assis sur le rebord du bassin et appréciaient la fraîcheur venant du grand jet d'eau.*

forcieren V. tr.
1. (Tempo, kein FF) *forcer (V. tr.)*

das Tempo[FF] forcieren	*forcer l'allure; forcer le pas*

2. (Bemühen) *intensifier (V. tr.); augmenter (V. tr.)*

Liebe Parteifreunde, wenn wir bei den nächsten Wahlen reelle Chancen[FF] haben wollen, dann müssen wir unbedingt unsere Bemühungen forcieren.	*Mes chers amis[FF], si nous voulons avoir de réelles chances[FF] de gagner aux prochaines élections, nous devons absolument intensifier notre action / augmenter nos efforts.*

Format n.
1. (Größe, Dimension, kein FF) *format (m.)*

Wir verkaufen diesen Koffer[FF] sehr oft, weil er ein praktisches Format hat.	*Nous vendons très souvent cette valise, car son format est très pratique.*
Aber: (Papier) etwas im Hochformat / Querformat ausdrucken	*imprimer qc. dans le sens de la hauteur / largeur*

2. (außergewöhnliche Note) *avoir de la classe*

Das war ein feiner Zug von ihm, wie er sich nach dem schweren Unfall um seine geschiedene Frau gekümmert hat. Er hat Format, das muss man ihm lassen.	*C'était vraiment un geste très élégant de sa part de s'être si bien occupé de son ex-femme gravement accidentée. C'est un homme qui a de la classe, il faut le reconnaître.*

fontaine [fõtɛn] f.
Springbrunnen; (Pl.) *Springbrunnenanlage*

Les fontaines de la place de la Concorde sont illuminées tous les soirs.	*Die Springbrunnenanlage auf der Place de la Concorde in Paris wird abends angestrahlt.*

forcer [fɔrse] V. tr.
1. (Tempo, kein FF) *forcieren;* s. links, 1. Bedeutung
2. (Schloss, Tür) *aufbrechen; gewaltsam öffnen; knacken*

La nuit dernière, quelqu'un a tenté de forcer la serrure de ma voiture.	*Vergangene Nacht hat jemand versucht, das Schloss meines Autos aufzubrechen.*

3. (mit Infinitiv) *zwingen*

Quand j'étais gosse[FF], ma mère me forçait à manger des épinards.	*Als Kind hat mich meine Mutter immer gezwungen Spinat zu essen.*

4. (Pflanzen) *im Treibhaus anbauen*

Les tomates que l'on achète l'hiver sont forcées.	*Die Tomaten, die man im Winter kaufen kann, kommen alle aus dem Treibhaus.*

format [fɔrma] m.
1. *Format*, kein FF; s. links, 1. Bedeutung
2. (Foto) *Bildgröße*

appareil (m.) photo petit format	*Kleinbildkamera*

formell Adj. / Adv.

1. (gesetzmäßig) *officiel, le (Adj.)*

Vorbehaltlich der formellen Genehmigung durch die zuständige Behörde können Sie die Räume bis auf weiteres in der angegebenen Form nutzen.	*Vous pouvez utiliser les locaux[FF] tels qu'ils sont, sous réserve de l'autorisation officielle des services compétents.*

2. (offiziell) *dans les formes (präp. Wend.); solennel, e (Adj.)*

Solange er sich nicht formell für seine verbalen Auswüchse entschuldigt, ziehe ich meine Beleidigungsklage nicht zurück.	*Tant qu'il ne se sera pas excusé de ses offenses dans les formes, je ne retirerai pas ma plainte pour injures.*
Der Standesbeamte schlug einen formelleren Ton[FF] an und bat das Brautpaar sich zu erheben.	*L'employé de l'état[FF] civil[FF] a pris un ton[FF] solennel et a prié les mariés de se lever.*

3. (unverbindlich) *formel, le (Adj.); pour la forme (präp. Wend.)*

Diese paar formellen Zeilen hätte er sich sparen können.	*Ces quelques lignes pour la forme, il aurait pu s'en passer[FF].*

Fortüne f.

chance (f.)

Das ist nun schon das dritte Unternehmen, mit dem er Pleite macht, und nie konnte er etwas dafür. Ihm fehlt einfach die nötige Fortüne.	*C'est la troisième fois qu'il fait faillite, et ça n'était jamais de sa faute. La chance[FF] ne lui sourit vraiment pas.*

fotogen Adj.

photogénique (Adj.)

Während ich auf fast allen Fotos einfach unmöglich aussehe, ist meine Zwillingsschwester äußerst fotogen.	*Tandis que moi, je suis vraiment moche sur presque toutes les photos, ma sœur jumelle, elle, est très photogénique.*

formel, le [fɔrmɛl] Adj.
1. *formell*, kein FF; s. links, 3. Bedeutung
2. *unbestreitbar; ausdrücklich; strikt; entschieden; eindeutig; absolut*

Les services de presse du ministère ont formellement démenti les rumeurs selon lesquelles les impôts allaient être augmentés.	*Die Pressestelle des Ministeriums hat Gerüchte um eine bevorstehende Steuererhöhung ausdrücklich dementiert.*
Les empreintes digitales retrouvées sur les lieux du crime sont une preuve formelle de l'innocence du gardien de l'immeuble.	*Die Fingerabdrücke, die man am Tatort gefunden hat, sind der eindeutige Beweis, dass der Hausmeister unschuldig ist.*

fortune [fɔrtyn] f.
1. (veraltet) *Glück*
2. (finanziell) *Vermögen*

Aller aux sports d'hiver en famille, ça coûte une fortune.	*Ein Winterurlaub mit Familie kostet ein Vermögen.*

3. (präp. Wend.: de fortune) *behelfsmäßig; Not-; Behelfs-*

C'est sur un radeau de fortune que les naufragés ont tenté d'atteindre une île.	*Die Schiffbrüchigen versuchten, mit einem behelfsmäßig zusammengebauten Floß zu einer Insel zu gelangen.*

photogène [fɔtɔʒɛn] Adj.
(veraltet) *fluoreszierend*; *phosphoreszierend*

Fraktion f.

1. (politisch) *groupe parlementaire (m.)*

Unter Fraktion versteht man die Vereinigung von Abgeordneten in einem Parlament, die derselben Partei angehören.	*On entend par groupe parlementaire l'union de députés appartenant à un même parti au sein d'un parlement.*

2. (Teilgruppe) *groupe (m.)*

Unter den Abtreibungsgegnern formierte sich eine militante Fraktion, die keinen Hehl aus ihrer Gewaltbereitschaft machte.	*Un groupe actif qui ne se cache pas d'être prêt à employer la violence s'est formé parmi les opposants à l'avortement.*

frisieren V. tr.

1. (Haar) *coiffer (V. tr.)*

Als Kinder verbrachten wir Stunden damit, unsere Puppen anzuziehen und zu frisieren.	*Enfants, nous passions des heures à habiller et à coiffer nos poupées.*

2. (Täuschung) *truquer (V. tr.)*

Aufgrund der Ergebnisse des Vormonats bezweifeln wir die Richtigkeit dieser Angaben und vermuten, dass es sich um frisierte Zahlen handelt.	*En raison des résultats du mois dernier, nous doutons de l'exactitude de ces données et supposons qu'il s'agit de chiffres*[FF] *truqués.*

3. (Motor) *forcer (V. tr.); pousser (V. tr.)*

Das gibt es doch nicht, wie schnell der Mofafahrer vor uns fährt. – Wahrscheinlich ist der Motor frisiert.	*Mais, enfin, à quelle vitesse est-ce que le motocycliste devant nous roule? C'est invraisemblable. – C'est que le moteur a été sans doute forcé*[FF] */ poussé.*

fraction [fraksjõ] f.
1. (Math.) *Bruch*

La fraction $^6/_{10}$ se lit six dixièmes.	*Der Bruch $^6/_{10}$ wird sechs Zehntel gelesen.*

2. (Zeit) *Bruchteil*

S'étant endormi au volant pendant une fraction de seconde, il a causé un grave accident.	*Er war für den Bruchteil einer Sekunde am Steuer eingeschlafen und verursachte so einen schweren Verkehrsunfall.*

Fraktion

fraction

friser [frize] V. tr.
1. *in Wellen legen; kräuseln*

Elle a frisé ses cheveux avec des bigoudis pour aller au mariage de son neveu.	*Zur Hochzeit ihres Neffen hat sie ihr Haar mit Lockenwicklern in Wellen gelegt.*

2. (Zeitbezug) *grenzen an; bald erreichen; zugehen auf*

Tu as vu la coupe de la robe de Madame Dupont? – Oui, je trouve qu'elle frise le ridicule en s'habillant de cette façon[FF]. – Oui, quand on frise la cinquantaine, on ne porte plus une telle robe.	*Hast du gesehen, was das Kleid von Frau Dupont für einen Schnitt hat? – Ich finde, das grenzt ans Lächerliche, wenn man sich so anzieht. – Finde ich auch; wenn man einmal auf die 50 zugeht, trägt man ein solches Kleid besser nicht mehr.*

friser [frize] V. intr.
Naturlocken haben

Enfant, je frisais naturellement et maintenant, j'ai les cheveux tout raides.	*Als Kind hatte ich Naturlocken und jetzt sind meine Haare ganz glatt.*

frivol Adj.
salé, e (Adj.); piquant, e (Adj.); licencieux, se (Adj.)

Er ist zwar eine absolute Stimmungskanone[FF], doch manchmal grenzt er mit seinen frivolen Witzen schon ans Ordinäre[FF].	*Il est certes un boute-en-train achevé, mais quelquefois il frise[FF] le vulgaire avec ses plaisanteries salées / piquantes[FF] / licencieuses.*

Frottee n. / m.
tissu éponge (m.)

Wo bekomme ich bitte Frottee-Bademäntel? – Im 2. Stock. – Danke.	*Où est-ce que je peux trouver les peignoirs en tissu éponge, s'il vous plaît? – Au deuxième étage. – Merci.*

fulminant Adj. / Adv.
extraordinaire (Adj.); (Auto) *fulgurant, e (Adj.)*

Die Formel 1 bleibt spannend: Dank eines fulminanten Starts konnte sich der Titelaspirant von Rennbeginn an auf die zweite Position vorkämpfen.	*Toujours autant de suspens à la course[FF] de Formule 1: grâce à son départ fulgurant, le prétendant au titre de champion a pu dès le début[FF] de la course[FF] arriver en deuxième position.*

frivole [frivɔl] Adj.

1. (Sachbezug) *leicht; gehaltlos; nicht anspruchsvoll*

J'attends la fin de mes examens avec impatience, car je pourrai enfin me régaler de lectures frivoles.	*Ich kann es gar nicht erwarten, bis ich endlich meine Prüfung hinter mir habe, denn dann kann ich mich endlich wieder einmal leichter Lektüre zuwenden.*

2. (Personenbezug) *locker; oberflächlich; leichtlebig*

frottée [frɔte] f.

1. *Knoblauchbrot*

Pour l'apéritif, j'ai préparé des frottées.	*Zum Aperitif habe ich Knoblauchbrote hergerichtet.*

2. *Tracht Prügel*

Hors d'elle, elle a envoyé à son fils une frottée dont il se souviendra longtemps.	*Sie war außer sich und hat ihrem Sohn eine Tracht Prügel verpasst, an die er sich noch lange erinnern wird.*

fulminant, e [fylminã, -ãt] Adj.

1. (Personenbezug) *wütend; cholerisch*

Si j'avais un patron[FF] toujours fulminant comme celui de ma meilleure amie[FF], je démissionnerais dans les vingt-quatre heures.	*Wenn ich auch einen so cholerischen Chef hätte wie meine beste Freundin, dann würde ich binnen 24 Stunden kündigen.*

2. (Sachbezug) *drohend; wütend*

L'employée a envoyé une lettre fulminante aux délégués du personnel[FF].	*Die Angestellte hat einen wütenden Brief an die Betriebsratsmitglieder geschrieben.*

3. (Chemie) *Knall-*

un mélange fulminant	*Knallgemisch*

4. (Schmerz) *stechend*

une douleur fulminante	*stechender Schmerz*

Funktionär m.
responsable (m.)

Zu unserer Gesprächsrunde zum Thema „Doping im Leistungssport“ darf ich folgende Gäste im Studio begrüßen: einen Sportmediziner, zwei Athleten und einen Funktionär vom Deutschen Fußballbund.	*Sur notre plateau, j'ai l'honneur de saluer les participants à la table ronde: «Le dopage dans les sports de compétition», à savoir un spécialiste de la médecine[FF] du sport, deux athlètes et un responsable de la Fédération allemande de football.*

furios Adj. / Adv.
brillant, e (Adj.); passionné, e (Adj.)

Mit einem furiosen Violinsolo eroberte die junge Künstlerin die Herzen der Zuschauer im Sturm.	*C'est avec un solo brillant / passionné au violon que la jeune musicienne a sur-le-champ conquis les spectateurs.*

fonctionnaire [fõksjɔnɛr] m. / f.
1. *Beamter*

Savez-vous qu'en France les fonctionnaires ont le droit de faire grève?	*Wissen Sie, dass die Beamten in Frankreich streiken dürfen?*

2. (abwertend) *Bürokrat*

Le mari de Martine mène une vraie vie de fonctionnaire.	*Der Mann von Martine ist ein fürchterlicher Bürokrat.*

furieux, se [fyrjø, -jøz] Adj.
1. (Personenbezug) *rasend; wütend; zornig; aufgebracht; Amok-*

Un fou furieux a tiré dans la foule et a tué cinq personnes.	*Ein Amokläufer hat in die Menge geschossen und fünf Menschen getötet.*

2. (Sachbezug) *heftig; erbittert*; (Wind) *orkanartig*

Un vent furieux a arraché le toit de plusieurs maisons.	*Durch den orkanartigen Wind wurden mehrere Häuser abgedeckt.*

Gage f.
cachet (m.)

Alle Künstler, die heute bei unserer Galaveranstaltung auftreten, verzichten für wohltätige Zwecke auf ihre Gage.	*Tous les artistes[FF] qui ce soir participent à notre soirée de gala ont renoncé à leur cachet dans un but caritatif.*

garantiert Adv.
1. (Zusicherung, kein FF, aber Vorsicht: andere Konstruktion) *garanti, e (Adj.)*

Unsere Produkte sind garantiert ohne Farb- und Konservierungsstoffe.	*Nos produits sont garantis ne contenir ni colorant ni conservateur.*
garantiert reine Schurwolle	*pure laine vierge garantie*

2. (ugs., wird verbal ausgedrückt) *garantir (V. tr.)*

Morgen regnet es garantiert.	*Je te garantis que demain il va pleuvoir.*

gage [gaʒ] m.
1. (Sg.; Gesellschaftsspiel) *Strafe*

Viens jouer avec nous. – Non, non, si je perds, vous allez me dire que je dois faire, en gage, le tour[FF] de la cour à cloche-pied.	*Komm und spiel doch mit uns. – Nein, nein, wenn ich verliere, dann heißt es nur: Als Strafe musst du auf einem Bein um den Hof herumhüpfen.*

2. (Sg.) *Beweis; Zeichen*

En gage d'amitié, j'aimerais bien vous donner cette vieille gravure[FF] que j'ai héritée de ma mère.	*Als Zeichen meiner Freundschaft möchte ich Ihnen diesen alten Stich schenken, den ich von meiner Mutter geerbt habe.*

3. (Sg.; finanziell) *Pfand; Sicherheit*

D'accord, je te prête 20 000 euros, mais tu dois me donner ta collection de pièces en gage.	*Okay, ich leihe dir 20 000 Euro, aber du musst mir als Pfand deine Münzsammlung geben.*

4. (Pl.; Dienstpersonal) *Lohn*

Les domestiques de l'ambassadeur ont demandé une augmentation de leurs gages à partir du premier janvier.	*Das Dienstpersonal des Botschafters hat zum 1. Januar eine Lohnerhöhung gefordert.*

garanti, e [garɑ̃ti] Adj.
garantiert, kein FF (s. links, 1. Bedeutung)

Garderobe f.

1. (Kleidung) *tenue (f.) vestimentaire*

In unserem Katalog finden Sie für jeden Anlass die richtige Garderobe.	*Dans notre catalogue, vous trouverez la tenue vestimentaire idéale convenant à chaque circonstance.*

2. (vorübergehend abgelegte Kleidung) *vêtement (m.)*

Für Garderobe übernehmen wir keine Haftung.	*La maison n'est pas responsable des vêtements déposés au vestiaire.*

3. (Hakenleiste) *portemanteau (m.);* (schrankähnlich) *vestiaire (m.)*

Eure Jacken könnt ihr an die Garderobe im Flur hängen.	*Vous pouvez accrocher vos vestes[FF] aux portemanteaux / mettre vos vestes[FF] dans le vestiaire qui est dans le couloir.*

4. (Raum) *vestiaire (m.)*

Wartet bitte hier im Foyer, ich hole unsere Mäntel an der Garderobe.	*Attendez ici dans le foyer, s'il vous plaît, je vais chercher nos manteaux au vestiaire.*

5. (Künstlerraum) *loge (f.)*

Verehrtes Publikum, wir müssen leider unser Programm[FF] umstellen. Der Auftritt unseres Startenors[FF] wird sich um eine halbe Stunde verzögern. Er wird gerade wegen einer kleinen Malaise in seiner Garderobe behandelt.	*Chers spectateurs, nous devons malheureusement changer l'ordre[FF] du programme[FF]. Notre célèbre ténor[FF] ne passera que dans une demi-heure, car il vient d'avoir un léger[FF] malaise et on est en train de le soigner dans sa loge.*

garde-robe [gardərɔb] f. Sg.
Kleidung; Garderobe; im Unterschied zu tenue vestimentaire (s. links) bezeichnet garde-robe die Kleidung insgesamt und nicht nur die Kleidung für bestimmte Anlässe.

Oh là, là, ce que tu as maigri! Tu as été malade? – Non, j'ai suivi un régime amaigrissant et j'ai perdu 20 kilos. – Chapeau! – Oui, mais maintenant, il faut que je renouvelle toute ma garde-robe.	*Mensch, hast du abgenommen! Warst du krank? – Nein, ich habe eine Abmagerungskur gemacht und 20 Kilo abgenommen. – Toll. – Na ja, dafür muss ich jetzt meine ganze Kleidung erneuern.*

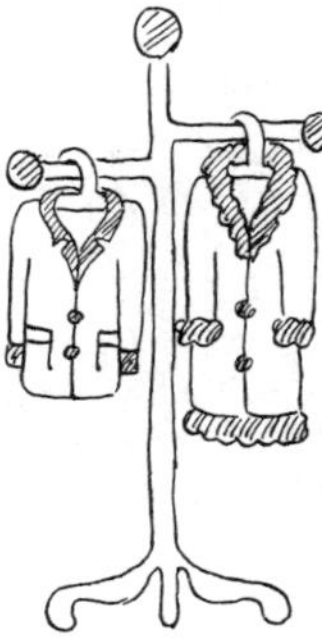

Garderobe

garde-robe

garnieren V. tr.
décorer (V. tr.)

Mein Gott, haben Sie sich eine Mühe mit dem kalten Büffet gemacht! Alles ist so hübsch mit Salat und Obst garniert.	*Mon dieu, vous vous en êtes donné un mal pour préparer le buffet! Tout est si bien décoré avec de la salade et des fruits.*

garnieren

garnir

Garnitur f.
1. (Schreibtischauflage, kein FF) *garniture (f.) de bureau*
2. (Wäsche) *parure (f.) de lingerie*

Sie haben im Schaufenster ein Unterhemd mit Spagettiträgern und Spitzeneinsatz. Davon hätte ich gern zwei Stück. – Tut mir Leid, dieses Modell gibt es nur als Garnitur mit dem dazugehörigen Slip.	*En vitrine, vous avez une chemise de corps à incrustations de dentelle et avec de fines bretelles. Vous pourriez m'en donner deux? – Je regrette, mais ce modèle n'existe qu'en parure, donc avec le slip assorti.*

3. (übertragen, Personenbezug) *les seconds / deuxièmes couteaux (m. Pl.)*

Es ist mir unbegreiflich, wie man zur Präsentation einer neuen Software nur die zweite Garnitur schicken kann. Für solche Zwecke müsste man doch die besten Kräfte schicken.	*Comment peut-on pour la présentation d'un nouveau logiciel envoyer les seconds / deuxièmes couteaux? C'est incompréhensible. On devrait vraiment envoyer les meilleurs employés.*

garnir [garnir] V. tr.
1. (Dekoration) *verzieren; schmücken*

Cette année, je garnirai le sapin de Noël avec des guirlandes et des boules argentées.	*Dieses Jahr schmücke ich den Weihnachtsbaum mit Girlanden und silberfarbenen Kugeln.*

2. (schneidern) *besetzen* (meist als Partizip verwendet)

Tiens, regarde cette jupe garnie de dentelle, nous l'avons faite la semaine dernière au cours de couture.	*Schau' mal, diesen mit Spitzen besetzten Rock, den haben wir letzte Woche im Nähkurs gemacht.*

3. (übertragen) *reich gefüllt; voll*

des carnets de commandes bien garnis	*volle Auftragsbücher*

4. (Partizip Perfekt) feste Zusammensetzungen:

bouquet (m.) garni choucroute (f.) garnie	*Kräuterbouquet* *(elsässische) Sauerkrautplatte*

garniture [garnityr] f.
1. *Garnitur*, kein FF (s. links, 1. Bedeutung)
2. (Speisen) *Beilage*

Est-il possible d'avoir à la place des frites du riz comme garniture?	*Könnte ich statt Pommes frites vielleicht Reis als Beilage haben?*

Gastronom m.
restaurateur (m.)

Darf ich mich vorstellen? Ich heiße „Der Gourmet“ und bin eine neue Monatszeitschrift, die sich speziell an Gastronomen und Experten für die feine Küche wendet.	*Permettez-moi de me présenter. Je m'appelle «Le Gourmet» et je suis une nouvelle revue mensuelle qui s'adresse spécialement aux restaurateurs et experts en matière de bonne cuisine.*

sich genieren V. refl.
1. (Hemmung) *être intimidé, e (verb. Wend.)*

Schon als Kind hatte ich Hemmungen, wenn ich vor Erwachsenen etwas sagen sollte. Das ist bis heute so geblieben. Ich kann mir das nicht erklären, ich geniere mich einfach.	*Enfant déjà, j'avais peur de parler devant les grandes personnes. Aujourd'hui, c'est toujours pareil. Je suis tout simplement intimidé et je ne comprends pas pourquoi.*

2. (verneint, kein FF) *ne pas se gêner (V. refl.)*

Wenn mir etwas nicht passt, dann geniere ich mich nicht, das auch offen zu sagen.	*Quand quelque chose ne me convient pas, je ne me gêne pas pour le dire ouvertement.*

Gosse f.
tomber / rouler dans le ruisseau; être à / dans la rue

Ich hätte es nie für möglich gehalten, dass man so tief fallen kann. Vor Jahren hatte er noch eine gut gehende Arztpraxis, dann kam die Scheidung von seiner Frau, dann Alkoholprobleme und jetzt ist er in der Gosse gelandet.	*Je n'aurais jamais pensé qu'il était possible de tomber si bas. Il y a des années, son cabinet*[FF] *médical était encore très fréquenté, ensuite son divorce, ensuite l'alcool et maintenant le voilà tombé dans le ruisseau.*
Er gibt offen zu, in der Gosse aufgewachsen zu sein, ist aber stolz darauf, den sozialen Aufstieg geschafft zu haben.	*Il avoue ouvertement avoir grandi dans la rue et est par contre très fier d'avoir réussi.*

gastronome [gastrɔnɔm] m.
Gourmet; Feinschmecker

Ce soir, j'ai des amis[FF] à dîner, entre autres M. Martin. – Martin, à qui le restaurant «Fine bouche» appartient? – Oui, il faut que je mette les petits plats dans les grands, car je ne veux pas décevoir ces gastronomes.	*Heute Abend habe ich Gäste, darunter Herrn Martin. – Ist das der Martin, dem das Restaurant „Fine bouche" gehört? – Ja. Da muss ich mich ganz schön anstrengen, damit ich all diese Feinschmecker nicht enttäusche.*

se gêner [səʒɛne] V. refl.
1. (verneint, kein FF) *sich nicht genieren etwas zu tun; keine Hemmungen haben etwas zu tun;* s. links, 2. Bedeutung
2. (Scham, kein FF) *sich genieren*; zur Abgrenzung gegen *Hemmung* s. links, 1. Bedeutung.

Où est donc ton mari? Il n'est pas là? – Si, mais il est encore en pyjama. – Il n'a pas à se gêner devant moi, on se connaît depuis si longtemps.	*Wo ist denn dein Mann? Ist er nicht zu Hause? – Doch, aber er hat noch seinen Schlafanzug an. – Er braucht sich doch vor mir nicht zu genieren, schließlich kennen wir uns schon lange.*

gosse [gɔs] m. / f.
(ugs.) *Junge; Bub;* (pejorativ) *Bengel; Mädchen;* (pejorativ) *Göre*

Hier, en jouant au foot, deux gosses ont cassé les vitres de la cuisine.	*Gestern haben zwei Buben beim Fußballspielen das Küchenfenster eingeschossen.*
La fille de nos voisins, quelle sale gosse! Chaque après-midi, par la fenêtre du séjour, elle crache sur les gens qui passent.	*Die Tochter unserer Nachbarn ist vielleicht eine freche Göre! Da steht sie jeden Nachmittag am Wohnzimmerfenster und spuckt auf die Passanten herunter.*

gosse [gɔs] Adj.

Quand j'étais gosse, j'attendais la visite de ma grand-mère avec impatience.	*Als ich noch klein war, konnte ich es kaum erwarten, bis meine Oma zu Besuch kam.*

gravierend Adj.
gros, se (Adj.); grave (Adj.)

Trotz eines gravierenden Fahrfehlers im oberen Teil der Strecke konnte sie den Ski-Abfahrtslauf doch noch, wenn auch knapp, gewinnen.	*Malgré une grosse[FF] / grave faute en haut de la piste, elle a encore pu gagner la descente, même si c'était de justesse.*

Gravur f.
faire graver (V. tr.); inscription gravée (f.)

Ihr Patenonkel wird sich garantiert[FF] über diesen Zinnteller sehr freuen. Wollen sie ihn noch mit einer Gravur versehen lassen?	*Je vous garantis que votre parrain aimera cette assiette d'étain. Vous voulez y faire graver quelque chose?*

grell Adj.
1. (Licht) *aveuglant, e (Adj.); éblouissant, e (Adj.);* (Sonne) *éclatant, e (Adj.)*

Dieses grelle Scheinwerferlicht tut in den Augen richtig weh.	*La lumière aveuglante / éblouissante de ce projecteur fait vraiment mal aux yeux.*

2. (Farbe) *criard, e (Adj.)*

Dieser Trainingsanzug ist sehr bequem und hat eine gute Passform. – Ich weiß nicht, diese grellen Farben, in meinem Alter?	*Ce training[FF] est très confortable et a une bonne coupe. – Je ne sais pas, à mon âge, des couleurs aussi criardes?*

3. (Töne) *aigu, aiguë (Adj.); criard, e (Adj.); perçant, e (Adj.)*

Wir haben uns auf dem letzten Klassentreffen gebogen vor Lachen, als meine Freundin die grelle Stimme unserer Griechisch-Lehrerin imitierte.	*A notre dernière rencontre d'anciennes, nous nous sommes tordues de rire quand mon amie[FF] a imité la voix perçante de notre professeur de grec.*

aggravant, e [agravɑ̃, -ɑ̃t] Adj.
erschwerend

Des circonstances aggravantes ont fait qu'il a été condamné à la prison à perpétuité.	*Erschwerende Umstände haben dazu geführt, dass er lebenslänglich bekam.*

gravure [gravyr] f.
(Kunst) *Stich*

La salle des mariages de la mairie est ornée d'anciennes gravures représentant la ville en 1815.	*Im Standesamt hängen alte Stiche, auf denen die Stadt anno 1815 abgebildet ist.*

grêle [grɛl] f.
Hagel

Un orage accompagné de grêle a sérieusement endommagé la région.	*Ein schweres Gewitter mit Hagelschlag richtete in der Region schwere Schäden an.*

grêle [grɛl] Adj.
1. (Figur) *schmächtig*

Le fils de mon amie[FF] est déjà si grêle et de plus il a, en ce moment, une intoxication alimentaire.	*Jetzt ist der Sohn meiner Freundin sowieso schon so schmächtig und dabei hat er sich auch noch eine Lebensmittelvergiftung geholt.*

2. (Stimme) *piepsig*

J'ai rencontré Nicole. – Quelle Nicole? – Celle qui se mettait toujours au dernier rang. – Ah, celle qui avait la voix grêle. – Voilà, c'est ça.	*Ich habe Nicole getroffen. – Welche Nicole?– Na die, die immer in der letzten Reihe saß. – Ach, die mit der piepsigen Stimme. – Genau.*

groß Adj.

1. (Körpergröße) *grand, e (Adj.)*

Ihre Tochter ist schon recht groß für ihr Alter.	*Votre fille est déjà bien grande pour son âge.*

2. (Auto) (Dimension*) grand, e (Adj.);* (PS, Motorleistung) *gros, se*

ein großes Auto	*une grande voiture; une grosse cylindrée*

3. (Schrift) *avec (une) majuscule (präp. Wend.)*

ein Wort großschreiben	*écrire un mot avec (une) majuscule*

4. (Kleidung) *grand, e (Adj.)*

Dieses Kleid ist zu groß.	*Cette robe est trop grande.*

5. (Fläche) *d'une superficie de (präp. Wend.)*

ein 200 km^2 großes Waldgebiet	*une région boisée d'une superficie de 200* km^2

6. (Alter) *grand, e (Adj.)*

meine große Schwester	*ma grande sœur*

7. (Auswahl) *grand, e (Adj.); beaucoup de (Adv.)*

eine große Auswahl von Weinen	*un grand choix de vins*
In diesem Geschäft gibt es eine große Auswahl.	*Dans ce magasin, il y a beaucoup de choix.*

8. (Intensität) *grand, e (Adj.)*

von großer Bedeutung	*d'une grande importance*
ein großer Star	*une grande star*

Gymnasium n.

Gymnasium umfasst im Deutschen sowohl die Sekundarstufe I als auch die Sekundarstufe II. Im Französischen werden diese beiden Stufen terminologisch getrennt in *collège* (entspricht in etwa der Sekundarstufe I, Abschluss: mittlere Reife) und *lycée* (entspricht in etwa der Sekundarstufe II, Abschluss: Abitur).

1. *collège (m.)*
2. *lycée (m.)*

gros, se [gro, -s] Adj.
Aus phonetischen Gründen wird nur die feminine Form behandelt.
1. (Ausgaben) *hoch*

de grosses dépenses	*hohe Ausgaben*

2. (Figur) *dick*

une grosse femme	*eine dicke Frau*

3. (Obst, Gemüse) *groß*

une grosse pomme	*ein großer Apfel*

4. (Stimme) *laut; tragend*

une grosse voix	*eine laute Stimme*

5. (Niederschläge) *stark*

de grosses chutes de neige	*starke Schneefälle*

6. (Verfehlung) *schwer*

une grosse faute	*ein schwerer Fehler*

gymnase [ʒimnaz] m.
Turnhalle

En raison de travaux, le gymnase ne pourra pas être utilisé jusqu'à la fin du mois.	*Wegen Bauarbeiten kann die Turnhalle bis Ende des Monats nicht benutzt werden.*

Halle f.
hall (m.)

Wegen eines technischen Defekts in Halle 9 mussten wir mit unserem Messestand in Halle 8 umziehen. Sie finden uns dort gleich neben dem Haupteingang.	*En raison d'un problème technique dans le hall 9, nous avons dû transférer notre stand dans le hall 8 où vous nous trouverez près de l'entrée principale.*
Bahnhofshalle	*hall de gare*
Eingangshalle	*hall d'entrée*
Empfangshalle	*hall d'accueil*
Hotelhalle	*hall d'hôtel*
Produktionshalle	*hall de production*
Aber: Turnhalle	*gymnase[FF] (m.)*

hantieren V. intr.
1. (tätig sein) *s'affairer (V. refl.); être affairé, e (verb. Wend.); s'occuper (V. refl.)*

Die Gastgeberin hantierte noch geschäftig in der Küche, als bereits die ersten Gäste eintrafen. Sie ließ sich dadurch aber nicht im Geringsten aus der Ruhe bringen.	*Tout empressée, la maîtresse de maison s'affairait encore à la cuisine lorsque les premiers invités sont arrivés ce qui ne lui a absolument pas fait perdre son calme.*

2. (benutzen) *manier (V. tr.); manipuler (V. tr.)*

Wenn ich schon sehe, wie er mit dem Hammer und dem Meißel hantiert, dann würde ich am liebsten gleich den Verbandskasten holen.	*Il me suffit de le voir manier le marteau et le ciseau pour avoir immédiatement envie d'aller chercher ma trousse à pharmacie.*

hantieren

hanter

***halle** ['al] f.
Markthalle

***Halles** ['al] f. Pl.
Markthallen (in Paris; heute Stadtviertel)

Auparavant, il était de mise à Paris d'aller manger une soupe aux oignons près des Halles après le théâtre[FF] vers minuit. Le quartier[FF] des Halles existe encore, mais l'atmosphère qui y régnait a disparu.	*Früher gehörte es zu einem Theaterbesuch in Paris, um Mitternacht eine Zwiebelsuppe in der Nähe der Markthallen zu essen. Das Hallenviertel gibt es zwar noch, aber die Atmosphäre von damals ist verloren gegangen.*

***hanter** ['ate] V. tr.
1. (Gedanke, Erinnerung) *keine Ruhe lassen; verfolgen; quälen*

Hantée par l'idée qu'un virus pourrait détruire le disque dur de son ordinateur, elle enregistre par prudence sur des disquettes tout ce qu'elle tape.	*Geradezu verfolgt von dem Gedanken, ein Virus könnte ihre Festplatte zerstören, speichert sie sicherheitshalber alles, was sie auf dem Computer schreibt, auf Disketten ab.*

2. (Gespenst) *umgehen; spuken*

Quelle peur est-ce qu'on avait, ma sœur et moi, quand on dormait dans le refuge: tous ces bruits … peut-être que le refuge était hanté. Mais, en réalité, c'était mon frère, cette peau de vache, qui voulait nous faire peur.	*Was standen wir für Ängste aus, meine Schwester und ich, als wir in der Berghütte übernachteten. All diese Geräusche – wahrscheinlich ging ein Gespenst um. Und dabei war es mein Bruder, der gemeine Kerl, der uns Angst machen wollte.*

honorieren V. tr.

1. (Zahlung) *se faire payer (verb. Wend.); récompenser (V. tr.); gratifier (V. tr.)*

Das war ja nett[FF] von eurem Freund, dass er euch nach dem Autoschaden in Frankreich nach Hause schleppte. – Na ja, er hat sich seine Hilfsbereitschaft nicht schlecht honorieren lassen.	*C'était gentil de la part de votre ami[FF], de vous avoir remorqué jusqu'à chez vous après votre panne[FF] en France. – Oui, d'accord, mais il s'est aussi bien fait payer sa serviabilité.*

2. (Anerkennung) *reconnaître (V. tr.)*

Nach Ansicht vieler Menschen werden Fleiß und Ehrlichkeit in der heutigen Zeit nicht genügend honoriert.	*De l'avis de beaucoup de personnes, le travail et l'honnêteté ne sont pas de nos jours assez reconnus.*

Humor m.

humour (m.)

Mit seiner Art von Humor habe ich so meine Probleme. – Ja, mir liegt dieser schwarze Humor auch nicht so sehr.	*J'ai quelques difficultés à comprendre son humour. – Oui, je n'aime pas, moi non plus, beaucoup cet humour noir.*

honorer [ɔnɔre] V. tr.
1. (Anerkennung) *(be)ehren; in Ehren halten*

Il a terminé son discours funèbre par ces mots: «Nous honorerons toujours sa mémoire».	*Er schloss die Trauerrede mit den Worten: „Wir werden sein Andenken in Ehren halten".*
Oh, regarde, Martine est aussi là. Elle, nous honorer de sa présence, quelle surprise!	*Oh, schau, Martine ist auch gekommen. Welch eine Überraschung, dass sie uns mit ihrer Anwesenheit beehrt.*

2. (Zusage, Zahlung) *einlösen; erfüllen; zahlen*

Il est très fier d'avoir, alors qu'il était jeune entrepreneur et qu'il avait de très gros[FF] problèmes financiers, toujours honoré les lettres de change à leurs dates[FF] d'échéance.	*Er ist stolz darauf, dass er als Jungunternehmer trotz größter finanzieller Not seine Wechsel immer pünktlich bezahlt hat.*

humour [ymur] m.
Humor, kein FF (s. links)

humeur [ymœr] f.
Stimmung; Laune; (verbal) *aufgelegt sein*

Laisse-moi tranquille aujourd'hui, je ne suis pas d'humeur à plaisanter.	*Lass mich in Ruhe, ich bin heute nicht zum Scherzen aufgelegt.*
Tu es encore d'une humeur aujourd'hui! Tu t'es levé du pied gauche?	*Du hast heute wieder eine Laune! Bist du mit dem falschen Bein aufgestanden?*

immatrikulieren V. tr.
s'inscrire (V. refl.)

Wir halten die Zahl der an unserer Universität immatrikulierten Studenten bewusst im Rahmen, um das hohe Ausbildungsniveau auf Dauer zu gewährleisten.	*C'est sciemment que nous limitons le nombre d'étudiants inscrits dans notre université afin que le niveau très élevé de l'enseignement soit continuellement garanti*[FF].

immens Adj. / Adv.
énorme (Adj.)

Durch die neuen Bestimmungen zum Umweltschutz werden immense Kosten auf unser Unternehmen zukommen.	*Notre entreprise va être confrontée à d'énormes frais dus aux nouvelles réglementations en matière de protection de l'environnement.*

immun Adj.
Meist in den verbalen Wendungen: immun machen, immun sein.
1. (medizinisch; immun machen) *immuniser (V. tr.)*

Viele Ärzte beklagen eine zunehmende Impfmüdigkeit. Und dabei könnte eine harmlose Schluckimpfung gegen so schlimme Krankheiten wie Kinderlähmung immun machen.	*Beaucoup de médecins déplorent que l'on se fasse de moins en moins vacciner alors qu'une vaccination par voie orale – du reste inoffensive – contre de très graves maladies comme la poliomyélite immunise.*

2. (übertragen; immun sein) *vacciné, e (Adj.)*

Gegen diese ewigen Sticheleien bin ich längst immun.	*Ça fait longtemps que je suis vaccinée contre ces éternelles piques.*

3. (politisch; nominal ausgedrückt) *immunité (f.) parlementaire*

impertinent Adj.
outrecuidant, e (Adj.); prétentieux, se (Adj.)

Also so eine impertinente Person! Erst fährt sie uns den Gartenzaun kaputt und dann beschimpft sie uns auch noch wüst.	*Que cette femme est outrecuidante / prétentieuse! D'abord, elle défonce la haie de notre jardin avec sa voiture et ensuite elle nous attrape comme c'est pas Dieu possible.*

immatriculer [imatrikyle] V. tr.
(Auto) *zulassen*; (Partizip Perfekt) *mit dem (amtlichen) Kennzeichen*

La police requiert votre collaboration pour retrouver une Mercedes grise immatriculée M-AX 123.	*Die Polizei bittet um Ihre Mithilfe: Gesucht wird ein grauer Mercedes mit dem amtlichen Kennzeichen M-AX 123.*

immense [imɑ̃s] Adj.
(räumlich) *weit; unendlich; unermesslich;* (übertragen, kein FF) *groß; immens*

De notre chambre d'hôtel, nous avions vue sur la mer immense.	*Von unserem Hotelzimmer aus hatten wir einen Blick auf das weite Meer.*
avoir une immense influence sur	*einen großen*[FF] *Einfluss haben auf*

immun, e [imɛ̃, imyn] Adj.
(Fachsprache Medizin) *immun sein* (s. links, 2. Bedeutung)

impertinent, e [ɛ̃pɛrtinɑ̃, -ɑ̃t] Adj.
flegelhaft; respektlos; patzig

Je ne fais sûrement pas partie des béni-oui-oui, mais j'ai été réellement très étonné de son ton[FF] impertinent envers ses supérieurs.	*Ich gehöre bestimmt nicht zu denen, die immer nur devot Ja sagen, aber sein respektloser Ton*[FF] *seinen Vorgesetzten gegenüber hat mich schon sehr verwundert.*

impotent Adj.
impuissant (Adj.)

Wenn Sie sagen, Ihr Mann sei impotent, dann müssen Sie daraus kein Drama machen. Die Medizin[FF] hat auf diesem Gebiet immense[FF] Fortschritte gemacht und oft ist Impotenz auch psychisch bedingt.	*Vous dites que votre mari est impuissant, mais ce n'est vraiment pas dramatique[FF]. La médecine[FF] a fait d'énormes progrès dans ce domaine et souvent l'impuissance est causée par des problèmes d'ordre[FF] psychique.*

Impotenz f.
impuissance (f.)
s. impotent

Index m.
1. (Verzeichnis, kein FF) *index (m.)*

im alphabetischen Index eines Buches nachschlagen	*consulter l'index alphabétique d'un livre*

2. (Verbot, kein FF) *index (m.)*

ein Buch auf den Index setzen	*mettre un livre à l'index*

3. (Messwert) *indice (m.)*

Index der Lebenshaltungskosten	*l'indice des prix à la consommation*

indiskutabel Adj.
inadmissible (Adj.)

Wie du dich gestern im Schwimmbad benommen hast, war indiskutabel.	*La façon[FF] dont tu t'es conduit hier à la piscine était inadmissible.*

impotent, e [ɛ̃pɔtɑ̃, -ɑ̃t] Adj.
unbeweglich; steif

Il est impotent d'une jambe, les séquelles d'une grave blessure de guerre au genou.	*Als Folge einer schweren Kriegsverletzung am Knie hat er ein steifes Bein.*

impotence [ɛ̃pɔtɑ̃s] f.
Unbeweglichkeit
s. impotent, e

index [ɛ̃dɛks] m.
1. *Zeigefinger*
2. (Verzeichnis, kein FF) *Register; Stichwortverzeichnis* (s. links, 1. Bedeutung)
3. (Verbot, kein FF) *Index* (s. links, 2. Bedeutung)

indiscutable [ɛ̃diskytabl] Adj.
ganz klar; unbestreitbar; über jeden Zweifel erhaben

Les seringues usagées que les parents ont retrouvées dans la chambre de leur fils sont une preuve indiscutable de ce qu'ils redoutaient depuis longtemps: leur fils est toxicomane.	*Die gebrauchten Spritzen, die die Eltern bei ihrem Sohn gefunden haben, sind ein ganz klarer Beweis dafür, was sie schon immer befürchtet haben: Er ist drogenabhängig.*

individuell Adj.
*personnalisé, e (Adj.); (*substantivisch ausgedruckt) *individu (m.)*

Mit unserer Bank[FF] sind Sie in allen Lebenslagen gut beraten – ob beim ersten Girokonto als Berufseinsteiger oder mit individuellen Finanzierungsprogrammen als Bauherr.	*Dans nos agences, vous serez pour tous les cas de figure[FF] très bien conseillé – que ce soit pour ouvrir un compte courant, car vous venez de décrocher votre premier emploi ou encore pour vous proposer un plan[FF] de financement personnalisé, car vous avez décidé de faire construire.*
Die Reaktion auf die Impfung ist individuell verschieden.	*Chaque individu réagit différemment au vaccin.*

Infusion f.
perfusion (f.)

Er bekommt jetzt noch zehn Infusionen, und dann will der Arzt entscheiden, wie die Behandlung weitergehen soll.	*On va encore lui faire dix perfusions et ensuite son médecin décidera du traitement à suivre.*

inserieren V. tr.
faire passer / insérer / publier une (petite) annonce (verb. Wend.)

Dieser Jaguar ist nun schon zum dritten Mal inseriert.	*C'est déjà la troisième fois que la petite annonce avec la Jaguar est publiée.*

Inspektion f.
1. (Kontrolle, kein FF) *inspection (f.)*

eine Inspektion der sanitären Anlagen des Krankenhauses	*une inspection des installations sanitaires de l'hôpital*

2. (Auto) *révision (f.)*

Vergessen Sie nicht, uns Ihren Wagen zur Inspektion zu bringen.	*N'oubliez pas de nous amener votre voiture pour la révision.*

individuel, le [ɛ̃dividɥɛl] Adj.
1. *persönlich; Eigen-; individuell*

C'est mon opinion individuelle que vous ne devez pas forcément partager.	*Das ist meine persönliche Meinung, die Sie nicht unbedingt teilen müssen.*

2. (nur einen betreffend) *Einzel-*

Cet incident n'est malheureusement pas un cas individuel et il faut se poser la question de savoir pourquoi les autorités n'ont pas réagi plus tôt.	*Leider ist dieser Vorfall kein Einzelfall und man muss sich fragen, warum die Behörden nicht schon längst reagiert haben.*

infusion [ɛ̃fyzjõ] f.
Kräutertee (kann je nach Sorte auch spezifiziert sein)

une infusion de tilleul	*Lindenblütentee*

insérer [ɛ̃sere] V.tr.
(ein)legen; einfügen; (Klausel) *aufnehmen*

Le plus simple est que nous insérions dans chaque brochure une feuille signalant que les numéros de téléphone et de fax ont changé.	*Am besten legen wir in jede Info-Broschüre ein Blatt ein, auf dem wir auf die neue Telefon- und Faxnummer hinweisen.*
insérer une clause dans un contrat	*eine Klausel in einen Vertrag aufnehmen*

inspection [ɛ̃spɛksjõ] f.
1. (Kontrolle, kein FF) *Inspektion; (gründliche) Überprüfung* (s. links, 1. Bedeutung)
2. *Aufsichtsbehörde*

inspection des Finances	*Finanzaufsichtsbehörde*
inspection du Travail	*Gewerbeaufsichtsamt*

instruieren V. tr.

1. (informativ, kein FF) *instruire (V. tr.)*

Wir sind über den Ablauf der Fahndungsaktion genauestens instruiert.	*Nous sommes très précisément instruits sur le déroulement des recherches.*

2. (Anweisung) *donner l'ordre*; (passiv) *recevoir l'ordre*

Tut mir Leid, wir sind instruiert worden, konsequent[FF] auf die Einhaltung dieser Vorschrift zu achten.	*Désolé, nous avons recu l'ordre[FF] de veiller fermement à ce que ce règlement soit respecté.*

intim Adj.

1. (Vertrautheit, kein FF) *intime (Adj.); étroit, e (Adj.);* (substantivisch) *intimité (f.)*

eine intime Feier	*une fête[FF] intime*
im intimen Kreis der Familie	*dans l'intimité de la famille*
eine intime Freundschaft	*une amitié étroite*

2. (sexuell, kein FF) *sexuel, le (Adj.); intime (Adj.)*

intime Beziehungen haben	*avoir des relations sexuelles / intimes*

3. (Zusammensetzungen)

Intimfeind	*ennemi (m.) juré / déclaré*
Imtimpflege	*toilette (f.) intime*
Intimsphäre	*vie (f.) intime*

instruire [ɛ̃strɥir] V. tr.
1. *unterrichten; ausbilden; Kenntnisse vermitteln*

La maîtresse de notre fille qui est au cours préparatoire est adorable. On remarque immédiatement qu'elle instruit les petits depuis de nombreuses années.	*Die Lehrerin, die unsere Tochter in der 1. Klasse hat, ist reizend. Man merkt sofort, dass sie seit vielen Jahren ABC-Schützen unterrichtet.*

2. (Information, kein FF) *instruieren* (s. links, 1. Bedeutung)

intime [ɛ̃tim] Adj.
1. (Vertrautheit, kein FF) *intim*

ami[FF] intime	*enger Freund*

2. *persönlich; Privat-* (s. a. links, 3. Zusammensetzungen)

respecter la vie intime Aber: journal intime	*das Privatleben respektieren* *Tagebuch*

3. (sexuell, kein FF) *intim* (s. links, 2. Bedeutung)

intime [ɛ̃tim] m. / f.
enger Freund; enge Freundin; Vertraute(r)

Ce n'est qu'avec ses intimes que le président a parlé de cette affaire[FF].	*Der Präsident hat nur mit seinen engsten Vertrauten über diese Affäre[FF] gesprochen.*

Jackett n.
veston (m.)

Der Anzug steht Ihnen sehr gut. Das Jackett sitzt wie angegossen.	*Le costume[FF] vous va très bien. Le veston est comme s'il était fait sur mesure.*

Jalousie f.
store (m.) vénitien

Frau Martin, rufen Sie bitte den Kundendienst der Firma an, die die Jalousien in unserem Büro eingebaut hat.	*Madame Martin, s'il vous plaît, appelez le service après-vente de l'entreprise qui a installé les stores vénitiens dans le bureau.*

jovial Adj. / Adv.
bienveillant, e (Adj.)

Wie mich das nervt, wenn mir mein Chef auf die Schulter klopft und mich jovial mit „Frau Weber, da haben wir …" anredet.	*Qu'est-ce que ça m'agace quand, en me tapant sur l'épaule, mon patron[FF] me dit de son ton[FF] bienveillant: «Madame Weber, il faudrait que l'on …».*

Jura –
droit (m.)

Jura studieren	*faire son droit*

Der Jura, das zwischen Deutschland, Frankreich und der Schweiz gelegene Gebirge, wird mit *le Jura* übersetzt.

jaquette [ʒakɛt] f.
1. (Herren) *Frack*; (Damen) *taillierte Kostümjacke*
2. (Buch) *Schutzumschlag*
3. (Zahn) *Jacketkrone*

M'étant cassé une jaquette, il faut que j'aille le plus tôt possible chez le dentiste.	*Ich muss dringend zum Zahnarzt, denn mir ist eine Jacketkrone herausgebrochen.*

jalousie [ʒaluzi] f.
1. *Neid; Missgunst*

Tu aurais dû voir la tête que faisait notre voisine quand nous avons mis notre nouvelle voiture au garage: elle était littéralement morte de jalousie.	*Du hättest unsere Nachbarin sehen sollen; sie platzte buchstäblich vor Neid, als wir den neuen Wagen in die Garage fuhren.*

2. *Eifersucht*

Ta jalousie est vraiment maladive.	*Deine Eifersucht ist ja schon krankhaft.*

jovial, e [ʒɔvjal] Adj.
fröhlich; heiter

Bien qu'elle n'ait pas toujours eu la vie facile, elle a gardé son humeur[FF] joviale.	*Obwohl sie es im Leben nicht immer einfach hatte, hat sie sich ihr heiteres Gemüt bewahrt.*

Jura [ʒyra] m.
1. (Gebirgszug, kein FF) *Jura* (s. Anmerkung links)
2. Name eines Départements in Frankreich

Kabinett n.
gouvernement (m.)
Das französische Pendant als tagendes Gremium heißt *conseil (m.) des ministres* oder *gouvernement.*

Unmittelbar nach den Wahlen wurden Verhandlungen zur Kabinettsbildung aufgenommen.	*Juste après les élections, des négociations en vue de former le nouveau gouvernement ont été entamées.*
Aber: Kabinettsumbildung	*remaniement (m.) ministériel*

Kalk m.
1. (Wasser) *calcaire (m.)*

Das Wasser bei uns enthält so viel Kalk, dass ich den Wasserkessel alle sechs Wochen entkalken muss.	*L'eau chez nous contient tant de calcaire que je suis obligé de détartrer la bouilloire toutes les six semaines.*

2. (Medizin) *calcium (m.)*

an Kalkmangel leiden	*manquer de calcium*

Kamera f.
1. (Film, kein FF) *caméra (f.)*

Fernsehkamera	*caméra de télévision*
Filmkamera	*caméra*

2. (Foto) *appareil-photo (m.)*

Diese Kamera ist einfach zu bedienen; selbst das Einlegen eines neuen Films[FF] ist kinderleicht.	*Utiliser cet appareil-photo est très simple et même y mettre une nouvelle pellicule est enfantin.*

cabinet [kabinɛ] m.
1. (Grundbedeutung) *kleiner Raum*

cabinet de cires	*Wachsfigurenkabinett*
cabinet de consultation	*Sprechzimmer (beim Arzt)*
cabinet de toilette	*kleiner Waschraum*
cabinet d'un avocat	*Rechtsanwaltskanzlei*

2. (Abteilung) *Ressort*

chef (m.) de cabinet (d'un ministre)	*Ressortchef*

cabinets [kabinɛ] m. Pl.
(ugs.) *Klo; Lokus*

Peux-tu me dire où sont les cabinets?	*Kannst du mir sagen, wo das Klo ist?*

calque [kalk] m.
1. (Papiersorte) *Pauspapier*

faire un calque	*durchpausen*

2. (geistiges Eigentum) *das Nachahmen;* (verbal ausgedrückt) *abkupfern*

Au lieu de se vanter de son nouveau livre, il ferait mieux d'avouer que c'est un calque.	*Statt mit seinem neuen Buch so anzugeben, sollte er lieber eingestehen, dass er es von anderen Autoren abgekupfert hat.*

caméra [kamera] f.
1. (Film, kein FF) *Kamera* (s. links, 1. Bedeutung)
2. (f. Pl.) *laufende Kamera; Fernsehen; live*

Devant les caméras il a annoncé[FF] sa démission, visiblement ému.	*Sichtlich gerührt gab er vor laufender Kamera / im Fernsehen seinen Rücktritt bekannt.*

Kanalisation f.
1. (Abwasser) *tout-à-l'égout (m.); égouts (m. Pl.)*

Unser Haus wurde vor einigen Monaten an die Kanalisation angeschlossen.	*La maison a été raccordée au tout-à-l'égout, il y a quelques mois.*
Die Regenfälle waren so heftig, dass die Kanalisation die Wassermassen nicht mehr aufnehmen konnte.	*Les pluies ont été si fortes que les égouts n'ont pas pu absorber les masses d'eau.*

2. (Fluss, kein FF) *canalisation (f.)*

Umweltschützer demonstrierten[FF] gegen die geplante Kanalisation des Flusses.	*Des écologistes ont manifesté contre un projet de canalisation du fleuve.*

kanalisieren V. tr.
canaliser (V. tr.) (s. Kanalisation, 2. Bedeutung)

Kanone f.
1. (Geschütz, kein FF) *canon (m.)*

das Donnern der Kanone	*grondement (m.) du canon*

2. (Sport) *as (m.); crack (m.)*

eine Sportskanone sein	*être un as / crack en sport*

kariert Adj.
1. (Muster) *à carreaux (präp. Wend.);* (Papier) *à petits carreaux (präp. Wend.)*

Wie kann man nur zu einem gestreiften Sakko ein kariertes Hemd und eine geblümte Krawatte tragen!	*Mais, comment peut-on porter une chemise à carreaux et une cravate à fleurs avec une veste[FF] rayée!*
ein kariertes Blatt Papier	*une feuille de papier à petits carreaux*

2. (übertragen; abwertend) *borné, e (Adj.); être étroit d'esprit (verb. Wend.)*

Das wundert mich nicht, dass der Chef deinen Vorschlag verworfen hat, so kleinkariert wie der denkt.	*Je ne suis pas étonné que le patron[FF] ait rejeté ta proposition, il est si borné / étroit d'esprit.*

canalisation [kanalizasjõ] f.
1. (Versorgungssystem) *Leitung; Leitungsnetz*

Lors de travaux de terrassement, une canalisation de gaz a été endommagée. C'est la raison pour laquelle la police a ordonné l'évacuation immédiate de tout le quartier[FF].	*Bei Erdarbeiten wurde eine Gasleitung beschädigt. Die Polizei hat daraufhin die Evakuierung des gesamten Viertels angeordnet.*

2. (Fluss, kein FF) *Kanalisation* (s. links, 2. Bedeutung)

canaliser [kanalize] V. tr.
1. (übertragen) *dirigieren; in eine bestimmte Richtung lenken;* (Kraft) *gezielt lenken auf; konzentrieren auf*
2. (Fluss, kein FF) *kanalisieren* (s. links Kanalisation, 2. Bedeutung)

canon [kanõ] m.
1. (Militär, kein FF) *Kanone, Geschütz* (s. links, 1. Bedeutung)
2. (Waffe) *Lauf*

le canon du revolver	*Revolverlauf*

carré, e [kare] Adj.
1. (Mathematik) *quadratisch; Quadrat-*

Notre salle de bains fait trois mètres sur quatre, soit douze mètres carrés.	*Unser Badezimmer ist drei auf vier Meter groß[FF], das sind zwölf Quadratmeter.*

2. (Aussehen) *eckig; kantig;* (Schultern) *breit*

avoir les épaules carrées	*breite Schultern haben*

3. (Äußerung) *offen; eindeutig*

Je préfère les réponses carrées et franches.	*Offene und ehrliche Antworten sind mir am liebsten.*

Karussell n.
manège (m.)

Mein Schatz, jetzt ist Schluss: Nun bist du schon drei Mal mit dem Karussell gefahren. Das ist genug.	*Mon petit chéri, c'est terminé maintenant. Tu as déjà fait trois tours[FF] de manège[FF]. C'est suffisant.*

Kavalier m.
gentleman (m.)

Kavaliere der alten Schule sind in der heutigen Zeit eine Spezies, die vom Aussterben bedroht ist.	*Les gentlemen de la vieille école sont de nos jours une espèce en voie de disparition.*

Kavalier

cavalier

Klavier n.
piano (m.)

Meine Tochter hat vor kurzem mit dem Klavierspielen begonnen. Noch macht ihr das Üben Spaß, fragt sich nur, wie lange.	*Ma fille suit depuis peu des cours de piano. Faire ses exercices ne l'ennuie pas encore, espérons que cela va durer.*

Koffer m.
valise (f.)

Seit einmal ein Koffer, den ich aufgegeben hatte, verloren gegangen ist, packe ich meine Medikamente immer ins Handgepäck.	*Depuis qu'une valise que j'avais fait enregistrer a été perdue, je mets toujours mes médicaments dans mon bagage[FF] à main.*

carrousel [karusɛl] m.
1. *Reitvorführung*

La Garde républicaine a donné, le jour de la fête[FF] nationale, un carrousel devant la tribune d'honneur.	*Die Nationalgarde zeigte am Nationalfeiertag eine Reitvorführung vor der Ehrentribüne.*

2. (Diaprojektor) *(rundes) Magazin*

cavalier [kavalje] m.
1. *Reiter;* (oft verbal ausgedrückt) *reiten*

être bon cavalier	*gut reiten können*

2. *Tanzpartner*

Lorsque vous quittez la piste de danse, vous devez donner le bras à votre cavalière et la raccompagner à sa place.	*Wenn Sie die Tanzfläche verlassen, reichen Sie Ihrer Tanzpartnerin den Arm und geleiten Sie sie an ihren Platz zurück.*

cavalier, ère [kavalje, -jɛr] Adj.
ungehörig; ungezogen

J'ai trouvé que son comportement était cavalier.	*Ich fand sein Verhalten ungehörig.*

clavier [klavje] m.
Tastatur; Tastenfeld; (Klavier) *Klaviatur*

le clavier de l'ordinateur le téléphone à clavier	*PC-Tastatur* *Tastentelefon*

coffre [cɔfr] m.
1. *Truhe; Kasten*
2. (Auto) *Kofferraum*
3. (kurz für coffre-fort) *Tresor[FF]; Safe; Schließfach*

louer un coffre à la banque[FF]	*ein Bankschließfach mieten*

Kollege m.
1. (Beruf, kein FF) *collègue (m. / f.)*

einen neuen Kollegen vorstellen	*présenter un nouveau collègue*

2. (Staatsamt) *homologue (m.)*

Der Innenminister hat mit seinen europäischen (Amts-)kollegen über Maßnahmen zur Sicherung der Grenzen beraten.	*Le ministre de l'Intérieur et ses homologues européens ont discuté des mesures à prendre pour assurer les contrôles aux frontières.*

kollegial Adj.
entre collègues (präp. Wend.); (freie Berufe) *entre confrères (präp. Wend.)*

Wenn der Chef fragt, ob jemand länger bleiben könnte, dann hat sie sofort eine Ausrede parat. Nicht gerade sehr kollegial.	*Quand le chef de service demande si quelqu'un ne pourrait pas rester plus longtemps, elle est la première à avoir une bonne excuse. Entre collègues*[FF]*, ça, ce n'est pas très bien.*

kombinieren V. tr.
1. (Speisen, Farben) *mélanger (V. tr.); assembler (V. tr.)*
2. (Logik) *déduire (V. tr.); raisonner par déduction (verb. Wend.)*
3. (Spielzug, kein FF) *combiner*

Komma n.
virgule (f.)

Die Kommaregeln im Deutschen und Französischen weichen erheblich voneinander ab.	*Les règles sur l'emploi de la virgule en allemand et en français sont extrêmement différentes.*

collègue [kɔlɛg] m. / f.
Kollege; Kollegin (s. links, 1. Bedeutung)

collège [kɔlɛʒ] m.
(Schule) *Gymnasium*FF*, Realschule*
Nicht zu verwechseln mit «Collège de France», einer berühmten Lehrstätte in Paris mit namhaften Professoren, zu der jedermann freien Zutritt hat.

Ma fille a déjà quelques amiesFF au collège.	*Meine Tochter hat auf dem Gymnasium/auf der Realschule schon einige Freundinnen gefunden.*

collégial, e [kɔleʒjal] Adj.
(Kirche) *Stifts-*

église (f.) collégiale	*Stiftskirche*

combiner [kõbine] V. tr.
1. *zusammenstellen; kombinieren*

Ces bulbes peuvent être combinés et fleuriront magnifiquement au printemps.	*Diese Blumenzwiebeln lassen sich zu einer herrlich blühenden Frühjahrsbepflanzung zusammenstellen.*

2. (negativ) *aushecken*; (Ungewissheit) *vorhaben*

Pourquoi téléphone-t-il sans arrêt? J'aimerais bien savoir ce qu'il combine.	*Was telefoniert er denn die ganze Zeit? Ich möchte bloß wissen, was er vorhat.*

coma [kɔma] m.
Koma

Le malade s'est réveillé après être resté quatre semaines dans le coma.	*Der Patient ist nach vierwöchigem Koma aufgewacht.*

Kommando n.
1. (Befehl) *commandement (m.)*
2. (Personenbezug, kein FF) *commando (m.)*

ein Kommando freiwilliger Helfer	*un commando de sauveteurs bénévoles*

Kompass m.
boussole (f.)

Eine Gruppe von Bergwanderern hatte völlig die Orientierung verloren; glücklicherweise hatten sie einen Kompass dabei und gelangten nach mehreren Stunden ins Tal.	*Un groupe d'alpinistes n'arrivaient plus à se repérer. Ayant par bonheur emporté une boussole, ils ont pu, au bout de quelques heures, redescendre dans la vallée.*

Komplex m.
1. (Themen, Fragen) *domaine (m.)*

Den Themenkomplex „Motivation von Mitarbeitern" werden wir nach der Mittagspause behandeln.	*Nous traiterons le domaine «Comment motiver les collègues[FF]?» après le déjeuner.*

2. (Bau, kein FF) *complexe (m.)*

Industriekomplex	*complexe industriel*

3. (Psychologie, kein FF) *complexe (m.)*

einen Minderwertigkeitskomplex haben	*avoir un complexe d'infériorité*

komprimiert Adj. / Adv.
résumé (m.) (wird substantivisch ausgedrückt)

Aus Zeitgründen werde ich die Verhandlungsergebnisse in komprimierter Form wiedergeben.	*Comme le temps presse, je vous donnerai seulement un résumé des résultats des négocations.*

commando [kɔmɑ̃do] m.
(kein FF) *Kommando; Gruppe* (s. links, 2. Bedeutung)

compas [kɔ̃pa] m.
Zirkel

Consignes de réalisation: tracez au compas des cercles sur le papier rouge, découpez-les et collez-les aux endroits indiqués.	*Bastelanleitung: Zeichnen Sie mit einem Zirkel Kreise auf das rote Papier, schneiden Sie sie aus und kleben Sie sie auf die gekennzeichneten Stellen.*

complexe [kɔ̃plɛks] m.
1. (Bau, kein FF) *Komplex* (s. links, 2. Bedeutung)
2. (Psychologie, kein FF) *Komplex* (s. links, 3. Bedeutung)

comprimé, e [kɔ̃prime] Adj.
1. (Technik; in Zusammensetzungen)

air comprimé	*Druckluft*

2. *zusammengedrückt; gepresst*

La paille sort des machines déjà toute comprimée en balles[FF].	*Das Stroh kommt in Ballen gepresst aus den Maschinen.*

comprimé [kɔ̃prime] m.
(Medizin) *Tablette*[FF]

konditionell Adj. / Adv.
condition (f.) physique (wird substantivisch ausgedrückt)

Mit seinen 70 Jahren macht er noch jeden Tag Waldläufe; wenn ich nur konditionell auch so fit wäre!	*A 70 ans, il fait encore tous les jours du jogging en forêt. Si seulement j'avais la même condition physique que lui!*

konsequent Adj. / Adv.
1. (folgerichtig, kein FF) *conséquent, e (Adj.); logique (Adj.)*

Konsequent zu Ende gedacht, würde dies das Ende bedeuten.	*Si nous restons conséquents avec notre raisonnement, cela serait la fin.*

2. (Entschlossenheit) *résolu, e (Adj.); déterminé, e (Adj.); ferme (Adj.)*

Natürlich werden Sie Kritik ernten, aber Sie müssen konsequent bleiben.	*Il est sûr que l'on va vous critiquer, mais vous devez rester résolu / déterminé / ferme.*

Konstellation f.
(Gesamtlage) *situation (f.); conjoncture (f.); circonstances (f. Pl.)*

Die wirtschaftliche Konstellation ist alles andere als günstig.	*La situation économique est tout sauf favorable.*

konstruiert Adj.
artificiel, le (Adj.); fabriqué, e (Adj.); forcé, e (Adj.)

Unser Biologielehrer versucht zwar alles mit Beispielen zu veranschaulichen, aber ich finde sie so konstruiert, dass sie mir auch nicht weiterhelfen.	*Bien que notre professeur de sciences naturelles essaie de tout illustrer par des exemples, cela ne me sert pas à grand-chose, car je les trouve trop fabriqués.*

conditionnel, le [kõdisjɔnɛl] Adj.
bedingt geltend; unter bestimmten Bedingungen geltend

Dès le début[FF] j'avais dit que mon consentement était seulement conditionnel.	*Ich hatte von Anfang an gesagt, dass meine Zusage nur bedingt gilt.*

conséquent, e [kõsekã, -ãt] Adj.
1. (Logik) *folgerichtig; konsequent* (s. links, 1. Bedeutung)
2. (Summe) *hoch;* (feste Wendung) *so viel Geld*

Maman, tu pourrais m'avancer[FF] 200 euros pour partir en week-end? – Une somme aussi conséquente? Où vas-tu?	*Du, Mama, könntest du mir 200 Euro leihen? Ich will am Wochenende wegfahren. – Was? So viel Geld? Wo fährst du denn hin?*

constellation [kõstelasjõ] f.
Konstellation der Gestirne; Sternbild

construit, e [kõstrɥi, -it] Adj.
Partizip Perfekt von construire (V. tr.)
bauen; errichten; (Grammatik) *bilden; konstruieren*

une maison construite en briques	*ein aus Ziegeln gebautes Haus*
une phrase mal construite	*ein falsch gebildeter Satz*

konsumieren V. tr.
consommer (V. tr.)

Laut der jüngsten Statistik konsumieren die Jugendlichen zwar weniger Alkohol, dafür aber immer mehr Drogen.	*Selon les dernières statistiques, les jeunes consomment moins d'alcool, mais par contre de plus en plus de drogues.*

Kontroverse f.
discussion (f.)

Das nach Meinung vieler Bürger zu milde Urteil gegen den Sexualverbrecher löste heftige Kontroversen aus.	*Le verdict, prononcé contre le maniaque sexuel et de l'avis de beaucoup de citoyens trop indulgent, a provoqué de violentes discussions.*

konventionell Adj. / Adv.
1. (normgerecht, kein FF) *conventionnel, le (Adj.)*

konventionell gekleidet sein	*être vêtu de façon*[FF] *conventionnelle*

2. (herkömmlich) *traditionnel, le (Adj.); classique (Adj.)*

konventionelle Ansichten haben	*avoir des idées traditionnelles*

3. (Militär, kein FF) *conventionnel, le (Adj.)*

einen Krieg mit konventionellen Waffen führen	*mener une guerre avec des armes conventionnelles*

Konzept n.
1. (Entwurf) *brouillon (m.); notes (f. Pl.)*

Er musste das Konzept seiner Rede nochmals völlig überarbeiten.	*Il a dû reprendre toutes les notes qu'il avait préparées pour prononcer son discours.*
Anweisung für die Prüfungsaufsichten: Sammeln Sie auch die Konzeptblätter ein.	*Consigne au personnel de surveillance de l'examen: prière de ramasser également les brouillons des candidats.*

2. (Plan) *projet (m.)*

consumer [kõsyme] V. tr.
(Feuer) *zerstören;* (Passiv) *abbrennen;* (Personenbezug, meist als Partizip verwendet) *verkohlt*

Quand les pompiers sont arrivés sur les lieux de l'accident, il était trop tard. Ils n'ont pu retirer des débris de la voiture que deux corps consumés.	*Als die Feuerwahr am Unfallort eintraf, kam jede Hilfe zu spät: Sie konnte nur noch zwei verkohlte Leichen aus dem Wrack bergen.*

controverse [kõtrɔvɛrs] f.
(Wissenschaft) *Streit(frage); (wissenschaftliche) Kontroverse*

Jusqu'à présent, les scientifiques ne sont pas arrivés à se mettre d'accord sur l'origine du virus du sida. La controverse va donc continuer.	*Bis heute sind sich die Wissenschaftler nicht einig über die Herkunft des Aids-Virus. Die Kontroverse wird also noch lange nicht beendet sein.*

conventionnel, le [kõvɑ̃sjɔnɛl] Adj.
1. *auf einer Vereinbarung beruhend; vertragsmäßig*

la clause conventionnelle	*Vertragsklausel*

2. (negativ) *eingefahren; spießig*

avoir des idées conventionnelles	*spießige Ansichten haben*

3. *den Konventionen entsprechend* (kein FF; s. links, 1. Bedeutung)

concept [kõsɛpt] m.
Vorstellung; Idee

La langue française et la langue allemande voient dans le mot «savoir-vivre»[FF] deux concepts différents.	*Im Deutschen und im Französischen verbindet man mit dem Wort „Savoir-vivre"[FF] zwei verschiedene Vorstellungen.*

Kosmetik f.
1. (Pflege) *soins (m. Pl.) de beauté; soins (m. Pl.) esthétiques*
2. (übertragen) *toilettage (m.); lifting (m.)*

Was Sie eine tief greifende Reform nennen, verehrter Kollege[FF], würden wir von der Opposition als reine Kosmetik bezeichnen.	*Ce que vous dites être une réforme en profondeur, cher collègue[FF], est pour nous qui sommes de l'opposition un simple toilettage / lifting.*

kosmetisch Adj. / Adv.
1. (Pflege) *esthétique (Adj.);* (attributiv) *de soins esthétiques*
2. (übertragen, s. Kosmetik, 2. Bedeutung)

Kostüm n.
1. (Kleidung) *tailleur (m.)*

Mit diesem Kostüm haben Sie wirklich einen guten Kauf getan. Klassisch geschnitten, dezent[FF] gemustert – so etwas können Sie zu jedem Anlass tragen.	*En choisissant ce tailleur, vous avez vraiment fait un bon achat. Sa coupe est classique et les motifs sont décents[FF]. Vous pourrez le porter en toutes occasions.*

2. (Theater, Zirkus, kein FF) *costume (m.)*
3. (Verkleidung, kein FF) *costume (m.); déguisement (m.)*

krass Adj.

in krassem Widerspruch stehen zu	*être en complète contradiction avec*
Das ist zu krass ausdrückt.	*C'est exprimé de façon[FF] trop forte.*
ein krasser Unterschied	*une différence énorme*

krepieren V. intr.
crever (V. intr.)

Den Richterspruch quittierte[FF] der Kriegsverbrecher mit den Worten: „Nur schade, dass sie nicht alle krepiert sind."	*C'est en prononçant cette phrase: «Quel dommage qu'ils ne soient pas tous crevés» que le criminel de guerre a réagi à l'annonce du verdict.*

cosmétique [kɔsmetik] m.

1. veraltet für: *Haarlack; Pomade*. Heutzutage stylt man seine Haarpracht mit Gel (*le gel*)
2. (m. Pl.) *Kosmetika* (s. a. Adj. cosmétique)

cosmétique [kɔsmetik] Adj.
(nur in Verbindung mit dem Endprodukt) *Kosmetik-*

produits cosmétiques industrie cosmétique	*Kosmetika* *Kosmetikindustrie*

costume [kɔstym] m.

1. *(Herren-)Anzug*
2. (Folklore) *Tracht*
3. (Theater, Zirkus, Verkleidung, kein FF) *Kostüm* (s. links, 2. und 3. Bedeutung)

crasse [kras] f.
(ugs.) *Schmutz; Dreck;* (häufig adjektivisch ausgedrückt) *schmutzig*, *dreckig; ungewaschen, schmuddelig*

Avec ces mains couvertes de crasse, on ne se met pas à table!	*Mit solch ungewaschenen Händen setzt ihr euch nicht zum Essen!*

crépir [krepir] V. tr.
(Bau) *verputzen*

Nous avons fait crépir la maison par une entreprise spécialisée.	*Wir haben das Haus von einer Spezialfirma verputzen lassen.*

kribbeln V. intr.
chatouiller (V. tr.); picoter (V. tr.)

Ich glaube, ich bekomme einen Schnupfen. Seit gestern kribbelt es mich nämlich in der Nase.	*Je crois que j'ai attrapé un rhume, car ça me chatouille / picote dans le nez depuis hier.*

Krokant m.
praliné (m.); (Dekoration) *nougatine (f.)*

Am liebsten esse ich Pralinen[FF] mit Krokant.	*Ce que je préfère, ce sont les chocolats avec du praliné[FF].*

kulant Adj.
accomodant, e (Adj.); conciliant, e (Adj.)

Obwohl die Garantie abgelaufen war, musste ich für die Reparatur nur die Ersatzteile zahlen. Das war sehr kulant vom Hersteller.	*Bien que la garantie n'ait plus été valable, je n'ai eu que les pièces de rechange à payer. C'était très conciliant de la part du fabricant.*

Kulisse f.
1. (Theater) *décors (m. Pl.)*

Mitten im 2. Akt[FF] fiel ein Teil der Kulisse um.	*Au milieu du deuxieme acte[FF], une partie des décors est tombée.*

2. (Rahmen) *décor (m.)*

Verehrte Zuschauer, wir begrüßen Sie hier vor der majestätischen Kulisse des Watzmann zu unserer Sendung „Folklore live".	*Chers téléspectateurs, vous qui allez regarder notre émission «Folklore en direct», c'est ici devant le Watzmann, ce décor majestueux, que nous avons l'honneur de vous saluer.*

3. (Publikum) *public (m.); assistance*

eine Kulisse von 50000 begeisterten Fans	*une assistance / un public de 50000 supporters enthousiastes*

cribler [krible] V. tr.
(meist als Partizip Perfekt) (Geschoss) *von Kugeln durchsiebt;* (Schulden) *hoch verschuldet*

C'est près d'une carrière que l'on a retrouvé le corps, criblé de balles[FF].	*Die von Kugeln durchsiebte Leiche wurde in der Nähe eines Steinbruchs gefunden.*

croquant, e [krɔkã, -ãt] Adj.
knackig

Ils sont bien croquants, ces radis!	*Diese Radieschen sind vielleicht knackig!*

coulant, e [kulã, -ãt] Adj.
1. (Stil) *flüssig*; (Wein) *süffig*

un vin coulant	*süffiger Wein*

2. (Personenbezug) *nachsichtig; großzügig; umgänglich*

L'examinateur était très coulant.	*Der Prüfer war sehr nachsichtig.*

coulisse [kulis] f.
1. (Sg., nur in Verbindung mit der Präposition à) *Schiebe-*

porte (f.) à coulisse	*Schiebetür*

2. (Pl.) *Bereich hinter der Bühnendekoration; hinter der Bühne*

Dans les coulisses, les ballerines s'échauffaient avant leur entrée en scène.	*Die Balletttänzerinnen wärmten sich hinter der Bühne für ihren Auftritt auf.*

kultiviert Adj. / Adv.
1. (Bildung, kein FF) *cultivé, e (Adj.)*
2. (Essen gehen) *aller dans un grand restaurant (verb. Wend.)*

Mindestens einmal im Monat gehen mein Mann und ich kultiviert zum Essen.	*Nous allons, mon mari et moi, au moins une fois par mois dans un grand restaurant.*

kurieren V. tr.
guérir (V. tr.)

Ich habe meine Erkältung mit Kräutertee und Inhalationen selbst kuriert.	*J'ai guéri moi-même mon rhume en me faisant des infusions[FF] et des inhalations.*

Kurs m.
1. (Richtung) (Flugzeug) *route (f.);* (Schiff) *cap (m.);* (andere Verkehrsmittel) *direction (f.)*

Aus unerklärlichen Gründen blieb das Flugzeug nicht auf dem vorgeschriebenen Kurs und verschwand kurze Zeit später von den Radarschirmen.	*Pour des raisons inexplicables, l'avion n'a pas gardé la route qui lui avait été prescrite et a disparu des écrans radars peu de temps après.*

2. (politisch) *grandes lignes (f. Pl.); cap (m.)*

Der Vorsitzende hat in seiner Rede den Kurs der Partei festgelegt und betont, dass es keinen Grund gebe von diesem Kurs abzuweichen.	*Dans son discours, le président a défini les grandes lignes du parti et a souligné qu'il n'y avait aucune raison de changer de cap.*

3. (Lehrgang, kein FF) *cours (m.)*

Abendkurs	*cours du soir*
Ferienkurs	*cours de vacances*
Fernkurs	*cours par correspondance*

4. (Währung, kein FF) *cours (m.)*

Dollarkurs	*cours du dollar*

cultivé, e [kyltive] Adj.
1. (Bildung, kein FF) *kultiviert* (s. links, 1. Bedeutung)
2. (Landwirtschaft) *bebaut; Anbau-; Acker-*

terre (f.) cultivée	*Ackerland*
surfaces (f.) cultivées	*Anbauflächen*

courir [kurir] V. intr.
1. *laufen; rennen*
2. (Empfänge, Ausstellungen) *häufig besuchen; häufig sein* (+ Präposition); (Geschäfte) *abklappern*

courir les magasins	*die Geschäfte abklappern*

3. (Zeitbezug zur Gegenwart)

par les temps qui courent	*heutzutage*

course [kurs] f.
Nicht zu verwechseln mit cour (f.) [kur] = *Hof* und cours (m.) [kur] = *Kurs* (s. links, 3. und 4. Bedeutung).
1. *Laufen*

C'est au pas de course que nous avons traversé toutes les salles du château. Pour moi, ça, ce n'est pas visiter.	*Im Laufschritt hetzten wir im Schloss von Saal zu Saal. Mit Besichtigung hat das für mich nichts mehr zu tun.*

2. (Sport) *Rennen; Lauf*

course cycliste	*Radrennen*
course de 100 mètres	*100-Meter-Lauf*

3. *Klettertour*

faire une course en montagne	*eine Klettertour unternehmen*

4. (immer Pl.) *Einkäufe*

Anne vient juste de partir faire les courses.	*Anne ist gerade zum Einkaufen gegangen.*

kursiv Adj.
en italique (adv. Wend.)

Wir bitten Sie, die mit einer Wellenlinie gekennzeichneten Passagen kursiv zu drucken.	*Nous vous prions d'imprimer en italique les passages marqués d'une ligne ondulée.*

Kuvert n.
enveloppe (f.)

Mist, jetzt habe ich das Kuvert schon zugeklebt und dabei wollte ich doch noch zwei Fotos beilegen.	*Zut! Voilà que j'ai déjà fermé l'enveloppe alors que je voulais ajouter deux photos.*

Kuvert

couvert

cursif, ve [kyrsif, -iv] Adj.
(Schriftart) meist in der Zusammensetzung:

écriture cursive	*Schreibschrift*

couvert, e [kuvɛr, -ɛrt] Adj.
1. (Überdachung) *bedeckt; überdacht; Hallen-*

Malheureusement, les places assises dans la partie couverte du stade sont déjà toutes vendues.	*Leider sind die Sitzplätze im überdachten Stadionbereich schon ausverkauft.*
piscine (f.) couverte	*Hallenbad*

2. (Wetter) *bedeckt; trüb; verhangen*

Les jours prochains, le ciel restera plutôt couvert.	*In den nächsten Tagen bleibt der Himmel eher bedeckt.*

3. (Oberfläche) *bedeckt mit; voll von*

couvert de poussière	*mit Staub bedeckt*

couvert [kuvɛr] m.
1. *Gedeck*

Monsieur, il manque un couvert à notre table. – Oh, excusez-moi, je croyais que vous n'étiez que quatre.	*Herr Ober, an unserem Tisch fehlt noch ein Gedeck. – Oh, Entschuldigung, ich dachte, Sie wären nur zu viert.*

2. (m. Pl.) *Besteck*

les couverts d'argent	*Silberbesteck*

labil Adj.
1. (Gesundheitszustand) *instable (Adj.); maladif, ve (Adj.)*

Der Patient hat die Operation gut überstanden, sein Zustand ist aber noch labil.	*Le malade a bien supporté l'opération, mais son état[FF] est encore instable.*

2. (Psychologie) *instable (Adj.); fragile (Adj.)*

lackieren V. tr.
1. (Auto, Holz, kein FF) *laquer (V. tr.)*

sein Auto neu lackieren lassen	*refaire laquer sa voiture*

2. (Fingernägel) *se vernir (V. refl.)*

Ich muss mir noch die Haare föhnen und danach die Fingernägel lackieren.	*Je dois encore me sécher les cheveux et me vernir les ongles.*

Laterne f.
1. (festes Gehäuse, kein FF) *lanterne (f.)*

Über der Haustür hing eine schmiedeeiserne Laterne.	*Une lanterne en fer forgé était accrochée au-dessus de la porte d'entrée.*

2. (Papier, Stoff) *lampion (m.)*

Du hättest die leuchtenden Augen der Kinder sehen sollen, als sie am Martinstag mit ihren selbst gebastelten Laternen durch die Straßen zogen.	*Tu aurais dû voir les yeux des enfants briller quand, le jour de la Saint-Martin, ils ont défilé dans les rues en tenant les lampions qu'ils s'étaient fabriqués.*

3. (kurz für: Straßenlaterne) *réverbère (m.); lampadaire (m.)*

labile [labil] Adj.
1. (Substanz) *nicht lange haltend; flüchtig; nicht beständig*

vitamines (f.) labiles	*nicht beständige Vitamine*

2. (Gedächtnis) meist in der Verbindung:

mémoire (f.) labile	*Gedächtnisstörung*

laquer [lake] V. tr.
lackieren (s. links, 1. Bedeutung)

lanterne [lãtɛrn] f.
1. (Lampe, kein FF) *Laterne* (s. links, 1. Bedeutung)
2. (Autobeleuchtung) *Standlicht*
3. (in Verbindung mit rouge) *Schlusslicht; Letzter* (in einer Tabelle)

Félicitations à votre équipe! L'année dernière, lanterne rouge, elle se retrouve cette année à la première place.	*Glückwunsch an Ihre Mannschaft! Im letzten Jahr noch Schlusslicht der Tabelle, steht sie in diesem Jahr auf Platz 1.*

Aber:

les feux stop	*das Schlusslicht (am Auto)*

leger Adj. / Adv.
1. (Haltung) *décontracté, e (Adj.); cool (Adj. inv.); relax (Adj. inv.)*

Ich war überrascht, welch ein legerer Ton[FF] auf der Vorstandsetage herrscht. Der Chef ist ein absolut legerer Typ.	*J'ai été surpris du ton[FF] décontracté qui règne parmi les directeurs. Le patron[FF] est très cool / relax.*

2. (Kleidung) *s'habiller décontracté (verb. Wend., inv.); s'habiller décontract (verb. Wend., inv.)*

Stand auf der Einladung zu Pauls Geburtstagsfeier etwas über die Kleiderordnung? – Ja, es herrscht Krawattenverbot und nur leger gekleidete Gäste finden Einlass.	*Sur l'invitation que Paul a envoyée pour son anniversaire, il y a quelque chose concernant la tenue vestimentaire? – Oui, la cravate est interdite et seuls les invités habillés décontract seront admis.*

lizenzieren V. tr.
faire breveter (verb. Wend.); breveter (V. tr.); déposer un brevet (verb. Wend.)

ein Patent lizenzieren lassen	*déposer un brevet*

léger, ère [leʒe, -ɛr] Adj.
1. (Gewicht) *leicht*
2. (Speisen) *leicht (verdaulich)*

repas (m.) léger	*leicht verdauliche Mahlzeit, leichte Mahlzeit*

3. (Wein) *leicht*; (Tee, Kaffee) *nicht stark; dünn*

café[FF] (m.) léger	*dünner Kaffee*

4. (messbar) *dünn; leicht*

légère couche (f.) de neige	*dünne Schneedecke*
étoffe (f.) légère	*dünner / leichter Stoff*

5. (kaum wahrnehmbar) *leicht; geringfügig; minimal*

blessure (f.) légère	*leichte Verletzung*
légère différence	*geringfügiger / leichter Unterschied*

6. (Bewegung) *anmutig; leicht-*

d'un pas léger	*leichtfüßig*

7. (Verhalten, Wesen) *leichtfertig; leichtsinnig; unbesonnen*

avoir la tête légère	*ein leichtsinniger Mensch sein, leichtsinnig sein*

8. (Inhalt) *leicht*

musique (f.) légère	*leichte Musik, Unterhaltungsmusik*

licencier [lisɑ̃sje] V. tr.
entlassen

Il a été licencié hier.	*Er ist gestern entlassen worden.*

Locke f.
boucle (f.) (de cheveux)

Auch heute noch, nach 15 Ehejahren, hat er immer eine Haarlocke seiner Frau in der Brieftasche.	*Aujourd'hui encore, au bout de quinze ans de vie conjugale, il garde une boucle de cheveux de sa femme dans son portefeuille.*

Lokal n.
(Speiselokal) *restaurant (m.);* (Nachtlokal) *bar (m.)*

Das Lokal, in dem ich einen Tisch reservieren lassen wollte, hatte leider Ruhetag.	*C'est malheureusement aujourd'hui le jour de repos du restaurant dans lequel je voulais réserver une table.*

luxuriös Adj. / Adv.
luxueux, se (Adj.)

Ich möchte nicht wissen, was dieses luxuriös ausgestattete Wohnmobil gekostet hat!	*Je préfère ne pas savoir combien a coûté ce mobile-home luxueusement aménagé!*

loque [lɔk] f.
1. *Lumpen; Lappen*
2. (Mensch) *Wrack*

Il n'est plus qu'une loque.	*Er ist ein einziges Wrack.*

local [lɔkal] m.
Raum; (Pl.) Räumlichkeiten

Construction d'un complexe[FF] immobilier comprenant 900 m^2 de locaux à usage commercial.	*Hier entsteht: Gebäudekomplex[FF] mit 900 m^2 gewerblich nutzbarem Raum.*

luxurieux, se [lyksyrjø, -øz] Adj.
lüstern; unkeusch; unzüchtig

Tu as vu le type là-bas? Il nous regarde sans arrêt et vraiment d'une drôle de façon[FF]. Je préfère ne pas savoir ce qu'il pense, car il doit être bien luxurieux.	*Du, der Typ da drüben, wie der immer zu uns herüberschaut! Ich möchte nicht wissen, was der denkt. Das wird so ein lüsterner Kerl sein.*

Maisonette f.
duplex (m.)

Wir tragen uns mit dem Gedanken, die Wohnung über uns zu kaufen. Wir könnten später einmal nach oben durchbrechen und hätten dann eine Maisonette.	*Nous envisageons d'acheter l'appartement[FF] du dessus. Nous pourrions ensuite relier les deux appartements[FF] en perçant le plafond et nous aurions un duplex.*

Malheur n.
1. (Missgeschick) *bévue (f.); maladresse (f.)*
2. (Ärger) *ennui (m.)*

Nie wieder kaufe ich ein Haushaltsgerät der Marke „Flop"; mit der neuen Mikrowelle habe ich nur Malheur.	*Jamais plus je n'achèterai un appareil ménager «Flop» car je n'ai que des ennuis avec mon nouveau micro-ondes de cette marque.*

Manege f.
piste (f.)

Gestern hat meine Tochter mit den Nachbarskindern Zirkus gespielt. Der Sandkasten diente als Manege.	*Hier, ma fille et les enfants des voisins ont joué au cirque. Le bac à sable servait de piste.*

markant Adj.
1. (stark ausgeprägt) *marqué, e (Adj.); accusé, e (Adj.);* (Kinn, Nase) *proéminent, e (Adj.)*
2. (auffallend, kein FF) *marquant, e (Adj.); remarquable (Adj.)*

Er ist wirklich eine markante Erscheinung.	*Il est vraiment un personnage marquant.*

3. (typisch) *caractéristique (Adj.)*

ein markantes Beispiel	*un exemple caractéristique*

Marmelade f.
confiture (f.)

ein Glas Marmelade Aber: Marmelade (aus Zitrusfrüchten)	*un pot de confiture* *marmelade (f.)*

maisonnette [mɛzɔnɛt] f.
(kleines) Häuschen

Nous n'habitons qu'une maisonnette avec jardin en banlieue, mais pour nous deux, ça suffit et nous nous y sentons bien.	*Wir bewohnen zwar nur ein kleines Häuschen mit Garten am Stadtrand, aber für uns beide reicht es und wir sind glücklich darin.*

malheur [malœr] m.
1. *Unglück; Schicksalsschlag*
2. (schwache Bedeutung) *leider; das Dumme ist, dass*

J'aimerais bien vous faire une démonstration[FF] de l'appareil, mais le malheur est qu'ici il n'y a pas de prise[FF].	*Ich würde Ihnen das Gerät gern vorführen, das Dumme ist nur, dass ich hier keine Steckdose habe.*

manège [manɛʒ] m.
1. *Reithalle; Reitbahn*
2. *(Pferde-)Karussell* (s. dort)

marquant, e [markɑ̃, -ɑ̃t] Adj.
(kein FF) *markant; auffallend* (s. links, 2. Bedeutung)

marmelade [marməlad] f.
1. *Mus*

marmelade de pommes	*Apfelmus*

2. *Marmelade* (kein FF, s. links)

Matinée f.
concert (m.) / représentation (f.) ayant lieu le matin (mit Wochentagsangabe verkürzt *du matin);* (Kino) *séance (f.) du matin*

Nach den 10 Uhr-Nachrichten schalten wir um zur Live-Übertragung der Sonntagsmatinée mit Liedern von Schubert und Schumann.	*Après les informations de dix heures, nous quitterons l'antenne pour la retransmission en direct du concert du dimanche matin. Vous entendrez aujourd'hui des lieder de Schubert et de Schumann.*

matt Adj.
1. (schwach) *épuisé, e (Adj.)*

Na, hast du dich von deiner schweren Grippe wieder erholt? – Es geht, aber ich fühle mich noch ziemlich matt.	*Alors, tu es remise de ta grosse[FF] grippe? – Ça va, mais je me sens encore assez épuisée.*

2. (nicht glänzend, kein FF) *mat, e (Adj.)*

mattes Gold	*de l'or mat*
Abzüge auf mattem Papier	*des photos (f.) sur papier mat*

maximal Adv.
au maximum (adv. Wend.)

Grob gerechnet dürfte uns der Wasserschaden maximal 10 000 Euro kosten.	*En gros, le dégât des eaux devrait nous coûter au maximum 10 000 euros.*

Medizin f.
1. (Heilkunde, kein FF) *médecine (f.)*

Schulmedizin	*médecine traditionnelle*
Medizinstudent	*étudiant en médecine*

2. (Heilmittel) *médicament (m.);* (auch übertragen) *remède (m.)*

matinée [matine] f.
1. (Tageszeit) *Vormittag*

en fin de matinée	*am späten Vormittag*

2. (Theater) *Nachmittagsvorstellung*

Je t'invite au théâtre[FF]. J'ai deux billets pour la matinée de 14 h 30.	*Ich lade dich ins Theater[FF] ein. Ich habe zwei Karten für die Nachmittagsvorstellung um 14.30 Uhr.*

mat, e [mat] Adj.
1. (nicht glänzend, kein FF) *matt* (s. links, 2. Bedeutung)
2. (Haut) (*stark) pigmentiert*
3. (Geräusch) *dumpf*; (Ton) *schwach*

un bruit mat	*ein dumpfes Geräusch*

mât [ma] m.
Mast; Stange

Le quatre-mâts est majestueusement entré dans le port.	*Der Viermaster lief majestätisch in den Hafen ein.*

maximal, e [maksimal] Adj.
Maximal-; Höchst-

la vitesse maximale	*die Höchstgeschwindigkeit*
la peine maximale	*die Höchststrafe*

médecine [mɛdsin] f.
(kein FF) *Medizin* (s. links, 1. Bedeutung)

meliert Adj.
1. (Stoff, Wolle) *chiné, e (Adj.)*

melierte Wolle	*de la laine chinée*

2. (Körperhaar) *poivre et sel* (wird substantivisch ausgedrückt); (Schläfen) *argenté (Adj.)*

grau melierte Schläfen haben einen grau melierten Bart haben	*avoir les tempes argentées* *avoir une barbe poivre et sel*

Messe f.
1. (Gottesdienst, kein FF) *messe (f.)*

eine Messe halten eine Messe für Verstorbene lesen lassen	*dire la messe* *faire dire une messe pour les morts*

2. (Veranstaltung) *foire (f.)*

die Frankfurter Buchmesse	*la Foire du Livre de Francfort*

Militär n.
1. *armée (f.); troupes (f. pl.)*
2. (in Zusammensetzungen, kein FF) *militaire (Adj.)*

Militärdienst Militärdiktatur Militärfahrzeug	*service (m.) militaire* *dictature (f.) militaire* *véhicule (m.) militaire*

minimieren V. tr.
réduire (V. tr.)

Risiken minimieren	*réduire les dangers*

miserabel Adj. / Adv.
(meist idiomatisch festgelegt) *lamentable (Adj.); déplorable (Adj.); épouvantable (Adj.); mal (Adv.)*

miserable Arbeitsbedingungen miserabel bezahlt werden miserables Wetter	*des conditions de travail lamentables* *être très mal payé* *un temps épouvantable*

mêlé, e [mele] Adj.
gemischt

L'assistance très mêlée au concert du chanteur prouve finalement que ses chansons plaisent à beaucoup de personnes.	*Wie viele Menschen der Künstler mit seinen Liedern anspricht, hat man nicht zuletzt an dem gemischten Publikum gesehen, das zum Konzert gekommen war.*

messe [mɛs] f.
(kein FF) *Messe* (s. links, 1. Bedeutung)

militaire [militɛr] m.
Soldat

militaire de carrière	*Berufssoldat*

militaire [militɛr] Adj.
(in Zusammensetzungen idiomatisch festgelegt) *Wehr-; Kriegs-; Militär-* (s. links, 2. Bedeutung)

minimiser [minimize] V. tr.
bagatellisieren

misérable [mizerabl] Adj.
1. (nachgestellt) *ärmlich(st); erbärmlich(st); armselig*

des logements misérables	*armselige Behausungen*

2. (vorangestellt, übertragen) *lumpig*

une misérable somme	*eine lumpige Summe*

Moderation f.
présentation (f.); (Show) *animation (f.)*

moderieren V. tr.
présenter (V. tr.); (Show) *animer (V.tr.)*

das Kulturmagazin im Fernsehen moderieren	*présenter le magazine culturel à la télévision*

modisch Adj. / Adv.
à la mode (adv. Wend.); moderne (Adj.)

Er ist immer sehr modisch gekleidet.	*Il est toujours habillé à la dernière mode.*
eine modische Frisur	*une coiffure moderne*

Montur f.
avec armes et bagages (feste Wendung)

Was haben wir gelacht, als ausgerechnet Vater, der uns immer zur Vorsicht mahnte, auf dem feuchten Bootssteg ausrutschte und in voller Montur ins Wasser fiel.	*Que nous avons bien ri quand papa, lui qui nous disait toujous de faire attention, a glissé sur l'embarcadère humide et est tombé avec armes et bagages dans l'eau.*

modération [mɔderasjõ] f.
Mäßigung; Zurückhaltung; Einschränkung; (Strafe) *Milderung* (s. modérer)

modérer [mɔdere] V. tr.
mäßigen; zügeln; (Geschwindigkeit) *drosseln*

modérer sa colère	*seine Wut zügeln*

moderieren

modérer

modique [mɔdik] Adj.
(Geldbezug) *geringfügig; niedrig; bescheiden*

une retraite très modique	*eine sehr bescheidene Rente*[FF]

monture [mõtyr] f.
(Brille) *Gestell*; (Schmuck) *Fassung*

Je n'aurais jamais pensé qu'acheter des lunettes était si compliqué. Vu le grand choix de montures, il est très difficile de se décider.	*Ich hätte nicht gedacht, dass es so schwierig ist eine Brille zu kaufen. Bei der großen*[FF] *Auswahl an Gestellen fällt die Entscheidung schwer.*

nett Adj. / Adv.
1. (Wesen) *aimable (Adj.); gentil, le (Adj.); sympathique (Adj.)*
2. (Aussehen) *joli, e (Adj.)*

Oh, das da ist ja ein nettes Bild von dir und deinem Mann!	*Oh, voilà une jolie photo de toi et de ton mari!*

3. (Bewertung) Verb + *bien (Adv.)*

Dafür, dass sie erst vor einem Jahr mit dem Skifahren angefangen hat, fährt sie schon ganz nett.	*Pour avoir commencé à faire du ski il n'y a qu'un an, elle en fait vraiment très bien.*

4. (übertragen) *joli, e (Adj.)*

Deine Schwiegereltern, an Weihnachten, bei uns! Das ist ja eine nette Bescherung!	*Tes beaux-parents, chez nous, à Noël! Quelle jolie surprise!*

nobel Adj.
1. (edel, kein FF) *noble (Adj.)*

eine noble Geste ein nobler Charakter	*un geste noble* *un caractère noble*

2. (elegant, oft spöttisch) *luxueux, se (Adj.);* (Hotel, Restaurant) *grand, e (Adj.)*

Wie man so hört, soll Viktor Karriere gemacht haben. Das sieht man gleich an dem noblen Wagen, den er jetzt fährt. Und im Urlaub müssen es künftig natürlich die nobelsten Hotels sein.	*Victor, comme on l'entend dire, aurait fait carrière. Il n'y a qu'à voir sa luxueuse voiture et en vacances, monsieur ne descendra naturellement plus que dans les plus grands hôtels.*

3. (großzügig) *généreux, se (Adj.)*

nostalgisch Adj.
rétro (Adj. inv.)

Der alte Fernseher gibt unserem Wohnzimmer einen nostalgischen Touch.	*Le vieux téléviseur donne un air rétro à notre salle de séjour.*

net, te [nɛt] Adj.
1. (Formulierung) *eindeutig; klar;* (Foto) *scharf*
2. (Hygiene) *sauber; blitzblank*
3. (Entwicklung) *erheblich; deutlich*

Je suis nettement moins allergique depuis que j'évite certains produits alimentaires.	*Seit ich bestimmte Nahrungsmittel meide, ist meine Allergie deutlich besser geworden.*

4. (Gegensatz: brutto) *netto; Netto-*

gagner net 3 000 euros	*3000 Euro netto verdienen*

noble [nɔbl] Adj.
1. (Wesen, Charakter, kein FF) *nobel; edelmütig; edel* (s. links, 1. Bedeutung)
2. *adelig*

issu d'une famille noble	*von adeliger Abstammung*

nostalgique [nɔstalʒik] Adj.
1. *melancholisch; schwermütig; trübsinnig; traurig*
2. *Heimweh erzeugend;* (wird oft verbal ausgedrückt) *Heimweh bekommen*

Notiz f.
1. (Aufzeichnung) *note (f.)*

Notizen machen	*prendre des notes*

2. (kurze Meldung) *entrefilet (m.)*

Komisch, dass in unserer Tageszeitung nur eine kurze Notiz zu lesen ist, während die ausländische Presse seitenlang über das Ereignis berichtet hat.	*Bizarre que notre quotidien n'ait fait paraître qu'un entrefilet sur l'événement alors que la presse étrangère, elle, a rempli des pages.*

Nuance f.
1. (Detail, kein FF) *nuance (f.)*

ein Wort mit vielen Bedeutungsnuancen Farbnuancen	*un mot avec beaucoup de nuances de sens* *nuances de couleur*

2. (Kleinigkeit) *un peu (Adv.); chouya (m.)*

Der Rotwein war eine Nuance zu kalt.	*Le vin rouge était un peu / un chouya trop froid.*

Nugat n.
crème (f.) pralinée

Schneiden Sie den Biskuitkuchen mehrmals durch und bestreichen Sie die Flächen abwechselnd mit Nugatcreme (Rezept^FF S. 253) und Orangenmarmelade^FF.	*Coupez le biscuit en plusieurs tranches et recouvrez-les en alternance de crème pralinée (voir la recette^FF à la page 253) et de marmelade^FF d'oranges.*

notice [nɔtis] f.
1. *Vermerk;* (Produkt) *Hinweis; Anleitung*

Pour plus de détails, prière de consulter la notice d'utilisation ci-jointe.	*Nähere Angaben entnehmen Sie bitte der beiliegenden Bedienungsanleitung.*

2. (Zusammenfassung) *(kurzer) Abriss*

une courte notice biographique	*ein kurzer biografischer Abriss*

nuance [nɥãs] f.
(kein FF) *Nuance; Schattierung; feiner Unterschied* (s. links, 1. Bedeutung)

nougat [nuga] m.
türkischer Honig

obskur Adj.
louche (Adj.); mal famé, e (Adj.)

Die Sache erscheint mir zu obskur, da lasse ich lieber meine Finger davon.	*Cette affaire[FF] me semble trop louche, je préfère ne pas m'en mêler.*
In was für einem Viertel sind wir denn hier gelandet! Ein Lokal[FF] obskurer als das andere!	*Dans quelle espèce de quartier[FF] sommes-nous tombés? Les bars sont plus mal famés les uns que les autres!*

opulent Adj. / Adv.
copieux, se et succulent, e (wird über zwei Adjektive ausgedrückt)

Wir haben jeden Abend opulent gespeist.	*Chaque soir, on nous servait un dîner copieux et succulent.*

Orden m.
1. (Kloster, kein FF) *ordre (m.)*
2. (Medaille etc.) *décoration (f.)*

Die Verleihung des Ordens fand im Rahmen einer kleinen Feier statt.	*La remise de la décoration a eu lieu dans le cadre d'une petite cérémonie.*

ordinär Adj. / Adv.
1. (Person) *vulgaire (Adj.);* (Äußerung) *trivial, e (Adj.); salace (Adj.)*

ordinäre Witze erzählen	*raconter des plaisanteries salaces*

2. (alltäglich) *banal, e (Adj.)*

Die Preise in diesem Lokal[FF] sind wahrlich gesalzen. Ein ganz ordinäres Schnitzel mit Pommes frites kostet 20 Euro.	*Les prix dans ce restaurant sont vraiment salés. Une banale escalope avec des frites coûte 20 euros.*

obscur, e [ɔpskyr] Adj.
1. (Nacht) *dunkel; finster; schlecht beleuchtet*

des rues obscures	*schlecht beleuchtete / dunkle Straßen*

2. (Gedankenführung) *verwirrend; schwer zu verstehen; unklar*

Je crois que les raisons qui l'ont poussé au suicide demeurent obscures pour tout le monde.	*Ich glaube, niemandem sind die Gründe für seinen Selbstmord klar.*

opulent, e [ɔpylɑ̃, -ɑ̃t] Adj.
1. (finanziell) *steinreich; sehr begütert*

sortir d'une famille opulente	*aus einer steinreichen Familie stammen*

2. (Körperform) *üppig; stattlich*

ordre [ɔrdr] m.
1. (Kloster, kein FF) *Orden*
2. *Reihenfolge; Anordnung*

par ordre alphabétique	*in alphabetischer Reihenfolge*

3. *Befehl; Anweisung; Vorschrift*

J'ai agi sur ordre de mes supérieurs.	*Ich hatte Anweisung von oben.*

4. (Wirtschaft) *Bestellung; Auftrag*

Nous vous remercions de votre ordre.	*Wir danken Ihnen für den Auftrag.*

ordinaire [ɔrdinɛr] Adj.
1. *gewöhnlich; üblich*

une somme ordinaire	*eine übliche Summe*

2. (Qualitätsabstufung) *mittelmäßig; durchschnittlich; einfach*
Achtung: Im Gegensatz zum Deutschen enthält ordinaire + Personenbezug nicht die stark abwertende Bedeutung von *vulgär*

des gens très ordinaires un vin ordinaire	*ganz einfache Leute* *ein einfacher Tischwein*

organisieren V. tr.
1. (Planung, kein FF) *organiser (V. tr.)*

Der Ferienkurs[FF] war perfekt organisiert.	*Le cours de vacances était parfaitement organisé.*

2. (Beschaffung) *se débrouiller (V. refl.); se procurer (V. refl.)*

sich orientieren V. refl.
1. (Richtung, kein FF) *s'orienter (V. refl.); se repérer (V. refl.)*

sich im Nebel nicht mehr orientieren können	*ne plus pouvoir se repérer dans le brouillard*

2. (Erkundigung) *se renseigner (V. refl.)*

sich über den Stand der Dinge orientieren	*se renseigner sur la situation*

3. (Anpassung) *s'adapter (V. refl.)*

sich an den Wünschen der Kunden orientieren	*s'adapter aux désirs des clients*

originell Adj.
original, e (Adj.)

ein originelles Geschenk	*un cadeau original*

organiser [ɔrganize] V. tr.
(kein FF) *organisieren* (s. links, 1. Bedeutung)

s'orienter [sɔrjɑ̃te] V. refl.
(kein FF) *sich orientieren* (s. links, 1. Bedeutung)

originel, le [ɔriʒinɛl] Adj.
1. *ursprünglich*

Le mot nuitard, pris dans son sens originel, veut dire travailleur de nuit, mais un nuitard, c'est aussi une personne qui aime sortir tard le soir.	*„Nuitard" bedeutet ursprünglich „Nachtarbeiter", aber man versteht darunter auch jemanden, der abends gern ausgeht, also einen „Nachtschwärmer".*

2. (Religion) meist nur in Verbindung mit péché

péché (m.) originel	*Erbsünde*

Panne f.
1. (Schaden, kein FF) *panne (f.)*

Autopanne	*panne de voiture*
Aber: Reifenpanne	*crevaison (f.)*

2. (Fehler) *accroc (m.); incident (m.); ennui (m.)*

Der Polizei ist bei der Fahndung nach dem Geiselnehmer eine peinliche Panne passiert[FF].	*Il est arrivé un incident fâcheux / un accroc / un ennui alors que la police recherchait le ravisseur.*

Parole f.
1. (Motto) *devise (f.)*
2. (Schlagworte) *slogan (m.)*

Heute Nacht haben wieder einige Schmierfinken rassistische Parolen an unsere Hauswand gesprayt.	*Cette nuit, quelques graffiteurs ont encore bombé des slogans racistes sur la façade de notre maison.*

partout Adv.
absolument (Adv.); à tout prix (adv. Wend.)

Was? Robert hat geheiratet? Doch nicht etwa diese Nicole? – Doch. Es hat partout diese Frau sein müssen!	*Quoi? Robert s'est marié? Mais quand même pas avec Nicole? – Si, justement. Il fallait absolument / à tout prix que ça soit cette femme-là!*

Pass m.
1. (Ausweispapiere) *passeport (m.)*
2. (Gebirge) *col (m.)*

Viele Pässe sind für Wohnwagen gesperrt.	*Beaucoup de cols sont interdits aux caravanes.*

3. (Mannschaftssport, kein FF) *passe (f.)*

einen Pass spielen auf	*faire une passe à*

panne [pan] f.
(kein FF) *Panne; Defekt; Betriebsstörung;* s. a. links, 1. Bedeutung

panne d'électricité	*Stromausfall*
avoir une panne sèche	*kein Benzin^FF mehr (im Tank) haben*

parole [parɔl] f.
1. (Sg., häufig auch verbal ausgedrückt) *Wort*

couper la parole	*ins Wort fallen*
adresser la parole à qn.	*jdn. ansprechen*

2. (verkürzt für parole d'honneur) *Wort; Ehrenwort*
3. (Lieder) *Text*
4. (Fähigkeit) *Sprache*

Depuis sa congestion cérébrale, il souffre de graves troubles de la parole.	*Seit seinem Schlaganfall hat er schwere Sprachstörungen.*

partout [partu] Adv.
überall

chercher partout	*überall suchen*

passe [pas] f.
1. (Sport, kein FF) *Pass; Zuspiel; Abspiel;* s. a. links, 3. Bedeutung
2. Zusammensetzungen:

maison (f.) de passe	*Stundenhotel; Bordell^FF*
mot (m.) de passe	*Kennwort*

passieren V. intr.
(weitgehend unpersönlicher Gebrauch) *arriver (V. tr.); se passer (V. refl.); se produire (V. refl.)*

Warum fährt denn der Zug nicht weiter? – Keine Ahnung, vielleicht ist etwas passiert.	*Pourquoi donc est-ce que le train ne repart pas? – Aucune idée, il est peut-être arrivé quelque chose / il s'est peut-être passé quelque chose.*
Dass mir das nicht noch einmal passiert!	*J'espère bien que cela ne se reproduira pas!*

patent Adj.
1. (Wesen) *chouette (Adj. inv.); chic (Adj. inv.,* in dieser Bedeutung vorangestellt*)*

Der Freund meines Mannes ist ein patenter Kerl.	*L'ami*[FF] *de mon mari est un chic type / un chouette type.*

2. (brauchbar) *valable (Adj.)*

Was Sie da anregen, ist ein patenter Vorschlag.	*Ce que vous avez proposé est très valable.*

Patent n.
brevet (m.)

das Patentamt	*l'Office des brevets*

pathetisch Adj. / Adv.
(Gestik) *théatral, e (Adj.);* (Stil) *pompeux, se (Adj.); grandiloquent, e (Adj.)*

passer [pase] V. intr.
1. (örtlich) *vorbeigehen; vorbeikommen; fahren (über); weitergehen*
2. (Film) *laufen*

Le nouveau film[FF], il passe dans quel cinéma?	*In welchem Kino läuft denn der neue Film[FF]?*

3. (Zeit, Schmerzen) *vergehen*; *nachlassen; schwächer werden*

les douleurs passent	*die Schmerzen lassen nach*

passer [pase] V. tr.
1. *geben; reichen*

S'il te plaît, peux-tu me passer le sel et le poivre?	*Kannst du mir bitte Salz und Pfeffer geben?*

2. (schwache Eigenbedeutung; stark idiomatisch festgelegt) (Prüfung) *ablegen*; (Telefon) *verbinden (mit);* (Auto) *schalten; Gang einlegen;* (Grenze) *überqueren*
3. (Beschäftigung) *verbringen*

se passer [səpase] V. refl.
passieren; geschehen; s. links

patent, e [patɑ̃, -ɑ̃t] Adj.
offenkundig; offensichtlich; (Ungerechtigkeit) *schreiend*

Beaucoup ont trouvé que le verdict était d'une injustice patente.	*Viele empfanden das Urteil als eine schreiende Ungerechtigkeit.*

patente [patɑ̃t] f.
Gewerbesteuer
Dieses Substantiv wurde in den 80er Jahren in der offiziellen Terminologie durch *taxe professionnelle* ersetzt, wird in der Alltagssprache aber nach wie vor verwendet.

pathétique [patetik] Adj.
rührselig; zu Herzen gehend; sentimental; schmalzig

Patrone f.
1. (Waffe) *cartouche (f.)*
2. (Füller) *cartouche (f.) (d'encre)*

eine neue Patrone in seinen Füller einlegen	*mettre une nouvelle cartouche dans son stylo*

Pedant m.
personne (f.) formaliste (wird adjektivisch ausgedrückt; s. Pedanterie)

Pedanterie f.
formalisme (m.)

Pedantisch wie er ist, würde es mich nicht wundern, wenn er den Brief, bevor er ihn wegwirft, noch ordnungsgemäß abzeichnet.	*Je ne serais pas du tout étonné qu'il signe la lettre en bonne et due forme avant de la jeter, formaliste comme il est.*

penetrant Adj.
1. (Geruch, kein FF) *pénétrant, e (Adj.)*

ein penetranter Geruch	*une odeur pénétrante*

2. (Stimme) *voix (f.) de stentor* (wird substantivisch ausgedrückt)
3. (aufdringlich) *casse-pieds (m. / f.); raseur (m.)*

Wann kapiert diese penetrante Person endlich einmal, dass sie das nichts angeht!	*Quand est-ce qu'elle va enfin comprendre, cette raseuse, que cela ne la regarde pas?*

penibel Adj.
(übertrieben genau) *pointilleux, se (Adj.); tatillon, ne (Adj.); méticuleux, se (Adj.)*

Der für mich zuständige Finanzbeamte ist sehr penibel.	*L'employé du fisc à qui j'ai affaire[FF] est très pointilleux.*
Sie ist auf penible Sauberkeit bedacht.	*Elle tient à ce que tout soit d'une propreté méticuleuse.*

patron, ne [patrõ, patrɔn] m. / f.
1. *(Schutz-)Patron / in*
2. (Pl.) *Unternehmer; Arbeitgeber*
3. (Gastronomie) *Betreiber*
4. *Schnittmuster*

pédant, e [pedã, -ãt] Adj.
besserwisserisch; schulmeisterlich; belehrend

pédant [pedã] m.
Besserwisser

pédanterie [pedãtri] f.
Besserwisserei; schulmeisterliche Art

pénétrant, e [penetrã, -ãt] Adj.
1. (Geruch, kein FF) *penetrant*
2. (Wind, Kälte) *schneidend*

un froid pénétrant	*eine schneidende Kälte*

3. (Intelligenz) *scharfsinnig*

des propos pénétrants	*scharfsinnige Bemerkungen*

pénible [penibl] Adj.
1. (psychisch) *nervenaufreibend; Nerven kosten;* (Wesenszug) *schwierig*
2. (physisch) *anstrengend; mühsam; hart; mühselig*

Le voyage a été très pénible.	*Die Reise war sehr anstrengend.*

3. (Schicksal) *schmerzlich; schwer*

vivre des heures pénibles	*schwere Zeiten durchmachen*

Pensum n.
travail (m.)

Als Gymnasiast kann man es sich fast nicht mehr leisten, heutzutage mehrere Wochen im Unterricht zu fehlen; das Pensum, das dann nachzuholen ist, ist immens[FF].	*Aujourd'hui, un lycéen ne peut plus se permettre de manquer les cours pendant plusieurs semaines. Il a ensuite un travail énorme pour tout rattraper.*

permanent Adj. / Adv.
continuel, le (Adj.); (negativ) *éternel, le (Adj.); en permanence (adv. Wend.)*

perplex Adj.
stupéfait, e (Adj.); en être bouche bée (verb. Wend.)

Also jetzt bin ich aber perplex!	*Ça alors, je suis stupéfait / j'en suis bouche bée!*

personell Adj.
personnel (m.) (wird substantivisch ausgedrückt)

Natürlich wird die Schließung unseres Werks in Berlin personelle Konsequenzen haben.	*Bien sûr que la fermeture de notre entreprise de Berlin va avoir des conséquences sur le personnel.*

pervers Adj.
1. (sexuell abartig) *sexuellement pervers, e (Adj.)*
2. (unerhört, ugs.) *c'est fou* (feste Wendung)

Ja, spinnt der denn, auf dieser Serpentinenstraße zu überholen! Das ist ja pervers!	*Mais, il a perdu la raison celui-là de doubler sur cette route en lacets! C'est complètement fou!*

pensum [pɛ̃sɔm] m.
verhasste Arbeit (häufig in verbalen Varianten)

Faire les vitres, quel pensum!	*Fenster putzen müssen – wie ich diese Arbeit hasse!*

permanent, e [pɛrmanɑ̃, -ɑ̃t] Adj.
(häufig in Zusammensetzungen) *(be)ständig; dauerhaft*

le représentant permanent de la France à l'ONU	*der ständige Vertreter Frankreichs bei der UNO*

permanente [pɛrmanɑ̃t] f.
(Frisur) *Dauerwelle*

perplexe [pɛrplɛks] Adj.
unschlüssig

être perplexe	*unschlüssig sein*

personnel [pɛrsɔnɛl] m.
Mitarbeiter; Personal; s. links

personnel, le [pɛrsɔnɛl] Adj.
1. *persönlich; Privat-; Eigen-*

affaire[FF] (f.) personnelle initiative (f.) personnelle	*Privatsache* *Eigeninitiative*

2. (Grammatik) *Personal-*

pronom (m.) personnel	*Personalpronomen*

pervers, e [pɛrvɛr, pɛrvɛrs] Adj.
1. *unerwünscht; negativ*

des effets (m.) pervers	*unerwünschte Folgen*

2. (Wesen, Charakter) *böse; niederträchtig; teuflisch*

pikant Adj.
1. (Würze) *assaisonné, e (Adj.)*

Das Gemüse schmeckt sehr pikant. Verraten Sie mir das Rezept[FF]?	*Les légumes sont très bien assaisonnés. Vous me donnez la recette[FF] ?*

2. (unsittlich, kein FF) *piquant, e (Adj.) (*s. frivol)

pikiert Adv.
froissé, e (Adj.)

Sie reagierte ziemlich pikiert.	*Elle a été assez froissée.*

Plakat n.
affiche (f.)

So, das Programm[FF] für den Tag der offenen Tür wäre fertig. Jetzt müssen wir nur noch das Plakat entwerfen, das wir dann an den besprochenen Stellen aushängen.	*Voilà, le programme[FF] de la journée portes ouvertes est terminé. Maintenant, il nous faut concevoir l'affiche que nous placarderons aux endroits convenus.*

Plakette f.
vignette (f.)

Kleben Sie die Plakette links oben auf die Windschutzscheibe.	*Collez la vignette sur le pare-brise en haut à gauche.*

piquant, e [pikɑ̃, -ɑ̃t] Adj.
1. (Speisen) *(sehr) scharf*

une sauce piquante	*eine scharfe Soße*

2. *stachelig*
3. (übertragen, kein FF) *pikant; frivol*; s. links, 2. Bedeutung

pikant

piquant

piqué, e [pike] Adj.
1. *ein bisschen spinnen; einen leichten Stich haben*
2. (Zustand) (Spiegel) *fleckig*; (Papier) *mit Schimmelflecken*

piqué [pike] m.
(Stoff, kein FF) *Pikee(stoff)*

placard [plakar] m.
1. *(Einbau-)Schrank*
2. (kurz für placard de publicité) *halb- bzw. ganzseitige Werbeanzeige*

Tu as vu le placard d'une page que la compagnie d'assurances a fait imprimer dans le journal?	*Hast du die ganzseitige Anzeige des Versicherungskonzerns in der Zeitung gesehen?*

plaquette [plakɛt] f.
1. *kleine Broschüre; Faltprospekt*

Pour obtenir de plus amples renseignements, lisez la plaquette que nous avons mis à votre disposition dans le hall d'entrée.	*Weitere Informationen entnehmen Sie bitte unserem Faltprospekt, der im Foyer aufliegt.*

2. (Tablettenpackung) *Blisterpackung*

Plan m.
1. (Abbildung, kein FF) *plan (m.)*

Bauplan Stadtplan Aber: Fahrplan	*plan d'une construction* *plan de ville* *horaires (m. Pl.)*

2. (Vorhaben) *projet (m.)*
3. (Konzept, kein FF) *plan (m.)*

einen Plan zur Lösung eines Problems ausarbeiten	*élaborer un plan afin de résoudre un problème*

planen V. tr.
1. (Konzeption) *organiser (V. tr.); concevoir (V. tr.)*

Den Kongress hätte man besser planen können.	*Le congrès aurait dû être mieux organisé.*

2. (Absicht) *envisager (V. tr.)*

Wir planen, nächstes Jahr eine Chinareise zu machen.	*L'année prochaine, nous envisageons de faire un voyage en Chine.*

Plombe f.
plombage (m.); amalgame (m.)

So ein Mist, jetzt ist mir eine Plombe herausgebrochen!	*Quelle barbe! J'ai un plombage qui vient de tomber.*

Politesse f.
contractuelle (f.)

Paul, da vorne kommt eine Politesse. Fahr schnell dein Auto weg!	*Paul, regarde, voilà une contractuelle! Enlève vite ta voiture.*

Porto n.
port (m.)

Wie viel Porto muss ich für diesen Einschreibebrief zahlen?	*A combien s'élève le port de cette lettre recommandée?*

plan [plã] m.
1. (Abbildung, kein FF) *Plan*; s. links, 1. Bedeutung
2. *Fläche*

le plan de travail dans la cuisine	*die Arbeitsfläche in der Küche*

3. (Perspektive) *Vorder-; Hintergrund*

au premier plan un gros[FF] plan	*im Vordergrund* *Großaufnahme; Nahaufnahme*

planer [plane] V. intr.
1. *schweben*

L'aigle plane dans les airs.	*Der Adler schwebt in der Luft.*

2. (geistig) *in höheren Regionen schweben*

Il ne fait que planer.	*Er schwebt immer nur in höheren Regionen.*

plombe [plõb] f.
(Argot für) *Stunde*

Ça fait trois plombes que je l'attends!	*Jetzt warte ich schon seit drei Stunden auf ihn!*

politesse [pɔlitɛs] f.
Höflichkeit

formule (f.) de politesse	*Höflichkeitsfloskel*

porto [pɔrto] m.
Portwein

Post f.
1. (Institution, kein FF) *poste (f.);* (Postamt) *bureau (m.) de poste*

bei der Post arbeiten einen Brief zur Post bringen	*travailler à la poste* *porter une lettre à la poste*

2. (Zugestelltes) *courrier (m. Sg.)*

Na, mal schauen, was heute an Post gekommen ist.	*Voyons un peu ce qu'il y a comme courrier aujourd'hui.*

Praktikant m.
stagiaire (m. / f.)

Sehr geehrte Damen und Herren, im Rahmen meiner Ausbildung muss ich ein Praktikum im Ausland machen. Ich möchte daher anfragen, ob es möglich ist, in Ihrer Firma als Praktikantin zu arbeiten.	*Messieurs, dans le cadre de ma formation, il me faut effectuer un stage à l'étranger. C'est la raison pour laquelle j'aimerais vous demander s'il me serait possible d'être stagiaire dans votre entreprise.*

Praline f.
chocolats (m. pl.)

Haben Sie auch Pralinen für Diabetiker?	*Vous avez des chocolats pour diabétiques?*

primär Adv.
en premier lieu (adv. Wend.)

Das Buch „Sprachfallen Französisch" richtet sich primär an Leser mit Muttersprache Deutsch.	*Le livre «Sprachfallen Französisch» s'adresse en premier lieu aux lecteurs de langue maternelle allemande.*

poste [pɔst] f.
(Institution, kein FF) *Post*; s. links, 1. Bedeutung

poste [pɔst] m.
1. (Beruf) *Arbeitsplatz; Stelle; Posten; Position*
2. (Polizei) *Revier*

Après la bagarre, les agents[FF] de police ont emmené plusieurs ivrognes au poste.	*Die Polizisten haben nach der Schlägerei mehrere Trunkenbolde mit aufs Revier genommen.*

3. (TV, Radio) *Fernseh-, Radiogerät; Fernseher; Radio*

le poste de télévision	*Fernsehgerät*

pratiquant [pratikɑ̃] m.
praktizierender Christ; eifriger Kirchgänger (auch verbal ausgedrückt)

De moins en moins de jeunes sont pratiquants à cause de l'attitude rigide de l'Eglise envers le célibat des prêtres et la contraception.	*Wegen der starren Haltung der Kirche zu Zölibat und Empfängnisverhütung gehen immer weniger junge Menschen regelmäßig in die Kirche.*

praliné [praline] m.
Krokant[FF]

primaire [primɛr] Adj.
1. (hauptsächlich in der Zusammensetzung école primaire) *Grundschule*
2. (geistig) *primitiv; beschränkt;* (verbal) *nicht sehr hell sein*

Ah, là là, cette remarque de Nicole, et elle n'a même pas honte! – Tu attendais autre chose peut-être? Tout le monde sait bien qu'elle est très primaire.	*Also die Bemerkung von Nicole, dass sie sich nicht schämt. – Hast du vielleicht etwas anderes erwartet? Das weiß doch jeder, dass die nicht gerade sehr hell ist.*

Prise f.

1. (Menge) *pincée (f.)*

eine Prise Salz	*une pincée de sel*

2. (Schnupftabak, kein FF) *prise (f.)*

Möchtest du auch eine Prise?	*Toi aussi, tu veux une prise?*

sich profilieren V. refl.

1. (negativ) *se mettre en valeur (verb. Wend.); se faire valoir (verb. Wend.)*

Er schreckt nicht davor zurück, sich auf Kosten seiner Kollegen[FF] zu pofilieren.	*Il n'hésite pas à se mettre en valeur / se faire valoir aux dépens de ses collègues[FF].*

2. (Anerkennung) *se faire un nom (verb. Wend.)*

sich als Experte profilieren	*se faire un nom en tant qu'expert*

Programm n.

1. (Übersicht, kein FF) *programme (m.)*
2. (Sendung) *émission (f.) (de télévision)*

Früher war das Fernsehprogramm besser.	*Autrefois, les émissions de télévision étaient meilleures.*

3. (Kanal) *chaîne (f.)*

das 3. Programm im Fernsehen	*la troisième chaîne de télévision*

4. (Ablauf, kein FF) *programme (m.)*
5. (Grundsätze, kein FF) *programme (m.)*

das politische Programm einer Partei	*le programme politique d'un parti*

prise [priz] f.
1. (Substantiv von prendre in Zusammensetzungen mit de)

prise de contact	*Kontaktaufnahme*
prise d'otages	*Geiselnahme*
prise de sang	*Blutentnahme*

2. (Judo, Ringen) *Griff;* (Klettern) *Halt*
3. (kurz für prise de courant) *Steckdose*
4. (Schnupftabak, kein FF) *Prise*; s. links, 2. Bedeutung

se profiler [səprɔfile] V. refl.
sich abheben; (a. übertragen) *sich abzeichnen*

Les premiers résultats se profilent.	*Erste Ergebnisse zeichnen sich ab.*

programme [prɔgram] m.
1. (Übersicht, kein FF) *Programm;* siehe links, 1. Bedeutung
2. (Ablauf, kein FF) *Programm;* siehe links, 4. Bedeutung
3. (Grundsätze, kein FF) *Programm;* siehe links, 5. Bedeutung
4. (Ausbildung, oft Pl.) *Lehrplan*

prompt Adj. / Adv.
1. (unverzüglich) *rapide (Adj.)*

mit der Bitte um prompte Erledigung	*à régler rapidement, s.v.p.*

2. (übertragen, auch ironisch) *et voilà que* (feste Wendung); *et hop* (Interjektion)

Das habe ich mir gleich gedacht: Wir richten alles für das Gartenfest her und prompt kommt ein Gewitter.	*C'est bien ce que j'avais pensé: nous installons tout dans le jardin pour la fête*[FF] *et hop, un orage éclate.*

Protokoll n.
1. (Niederschrift) *procès-verbal (m.); compte-rendu (m.)*

Wer führt eigentlich das Protokoll?	*Mais qui donc rédige le procès-verbal / compte-rendu?*

2. (Diplomatie, kein FF) *protocole (m.)*

gegen das Protokoll verstoßen	*ne pas respecter le protocole*
Protokollchef	*chef (m.) du protocole*

Provision f.
commission (f.)

Bei Abschluss des Geschäfts zahlen wir eine Provision.	*Nous versons une commission à la signature du contrat.*

Prozedur f.
(schmerzhaft) *Ce n'est pas la joie! (feste Wendung)*; (langwierig) *Quelle histoire! (feste Wendung)*

Letzte Woche wurden mir zwei Weisheitszähne gezogen. Das war vielleicht eine schmerzhafte Prozedur!	*La semaine dernière, je me suis fait arracher deux dents de sagesse. Ce n'était pas la joie!*

prompt, e [prɔ̃pt] Adj.
1. (zeitlich) *baldig; rasch; von kurzer Dauer (adv. Wend.)*

Je vous souhaite un prompt rétablissement.	*Ich wünsche Ihnen baldige Genesung.*
Sa joie a été prompte.	*Seine Freude war nur von kurzer Dauer.*

2. (Reaktion, häufig in Verbindung mit main) *lockere Hand*

Jacqueline, à mon avis, a la main un peu trop prompte: pour un oui, pour un non, sa fille reçoit une gifle.	*Jacqueline hat meiner Meinung nach eine zu lockere Hand. Bei der kleinsten Kleinigkeit bekommt ihre Tochter eine Ohrfeige.*

protocole [prɔtɔkɔl] m.
1. (Diplomatie, kein FF) *Protokoll*; s. links, 2. Bedeutung
2. (juristisch) *Protokoll*

protocole d'accord^{FF}	*Vereinbarungsprotokoll*

provision [prɔvizjɔ̃] f.
1. (Sg.) *Vorrat*

provision de bois	*Holzvorrat*

2. (Nahrungsmittel, immer Pl.) *Einkäufe; eingekaufte Ware;* (für unterwegs) *Proviant*

procédure [prɔsedyr] f.
1. (allgemein) *Vorgehensweise; Schritte (die zu unternehmen sind)*

J'aimerais fonder une S.A.R.L. Quelle est la procédure à suivre?	*Ich möchte eine GmbH gründen. Welche Schritte muss ich da unternehmen?*

2. (juristisch) *Verfahren; Prozess; -ordnung*

procédure judiciaire	*gerichtliches Verfahren*
procédure pénale	*Strafprozess, Strafverfahren*

Quartier n.
logis (m.); logement (m.); gîte (m.)

Das Wetter ist toll, das Quartier ist okay, die Verpflegung gut, nur der Urlaub zu kurz.	*Le temps est super, le logis / logement / gîte correct, les repas sont bons, mais les vacances trop courtes.*

quittieren V. tr.
1. (Erhalt) *acquitter (V. tr.)*

den Empfang der Pakete quittieren	*acquitter la réception des paquets*

2. (Reaktion) *réagir (V. intr.)*

Als der Veranstalter bekannt gab, dass das Konzert in letzter Minute abgesagt werden musste, quittierten die Fans dies mit einem Pfeifkonzert.	*Lorsque l'organisateur a annoncé que le concert avait dû être annulé au dernier moment, les fans ont réagi par un concert de sifflements.*

quittieren

quitter

quartier [kartje] m.

1. (Teil eines Ganzen) *Viertel; Schnitzel* (auch adjektivisch ausgedrückt) *geviertelt; geschnitzelt*

Disposez les quartiers de pommes dans un plat allant au four.	*Verteilen Sie die geviertelten Äpfel auf einer feuerfesten Form.*

2. (Stadt) *Viertel*

Le dimanche, mon quartier est très calme. C'est un plaisir de s'y promener.	*Sonntags ist es in meinem Viertel immer sehr ruhig. Herrlich, um spazieren zu gehen!*
les beaux quartiers	*Nobel-, Villenviertel*

quitter [kite] V. tr.

1. (stark idiomatisch festgelegt) *gehen; verlassen; sitzen lassen;* (Fahrbahn) *abkommen von;* (Telefon, nur verneint) *am Apparat bleiben*

Comment, vous nous quittez déjà?	*Wie, Sie wollen uns schon verlassen?*
Son copain l'a quittée alors qu'elle attendait un enfant de lui.	*Ihr Freund hat sie verlassen und dabei erwartet sie doch ein Kind von ihm.*
Ne quittez pas!	*Bleiben Sie bitte am Apparat!*

2. (Kleidung) *ausziehen; ablegen*

Il faisait si froid au bureau que je n'ai pas quitté mon manteau de toute la journée.	*Im Büro war es heute so kalt, dass ich den ganzen Tag meinen Mantel angelassen habe.*

radikal Adj. / Adv.
1. (grundlegend, kein FF) *radical, e (Adj.)*

sein Verhalten radikal ändern	*changer radicalement d'attitude*

2. (drastisch, kein FF) *radical, e (Adj.)*

eine radikale Abmagerungskur machen	*faire une cure d'amaigrissement radicale*

3. (extrem) *extrémiste (Adj.)*

Radikaler m.
extrémiste (m.)

Rechtsradikale und Linksradikale	*des extrémistes de droite et de gauche*

raffiniert Adj. / Adv.
(Personenbezug) *finaud, e (Adj.); rusé, e (Adj.);* (Sachbezug) *recherché, e (Adj.)*

Meine Tochter ist mit ihren drei Jahren schon ein raffiniertes Luder.	*Du haut de ses trois ans, ma coquine de fille est déjà bien finaude.*
ein raffiniert geschnittenes Kleid	*une robe à la coupe recherchée*

Rakete f.
1. (militärisch, Weltraum) *fusée (f.); missile (m.)*

In der Nacht schlugen wieder mehrere Raketen in der Nähe der Hauptstadt ein.	*Cette nuit, plusieurs fusées / missiles sont encore une fois tombées / tombés près de la capitale.*

2. (Feuerwerk) *fusée (f.)*

Silvester-Raketen	*des fusées pour le réveillon de la Saint-Sylvestre*

radical, e [radikal] Adj.
1. (grundlegend, kein FF) *radikal;* s. links, 1. Bedeutung
2. (drastisch, kein FF) *radikal;* s. links, 2. Bedeutung
3. (Politik) *mitte-links (orientiert)*

radical [radikal] m.
1. (Politik) *Anhänger / Mitglied der Partei «Radicaux de gauche»*
   Diese Partei ist nicht, wie es der Name vermuten lassen könnte, eine linksextreme Partei, sondern mitte-links anzusiedeln.
2. (Grammatik) *Wortstamm*

raffiné, e [rafine] Adj.
1. (Naturstoffe, kein FF) *raffiniert*
2. (Kochkunst, kein FF) *raffiniert*

une sauce raffinée	*eine raffinierte Soße*

3. (Umgangsformen) *fein*; (Sprache) *gepflegt*; (Wesen) *feinsinnig*; (Höflichkeit) *ausgewählt*

avoir des manières très raffinées	*sehr feine Manieren haben*

raquette [rakɛt] f.
(Sportgerät) *Schläger*

Le joueur change de raquette.	*Der Spieler wechselt den Schläger.*

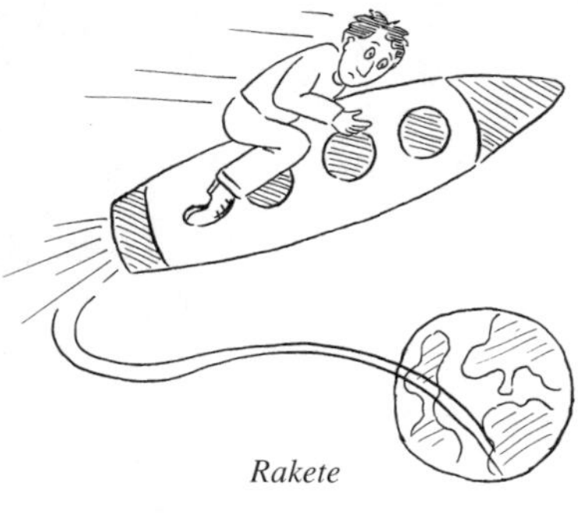

Rakete

raquette

rasant Adj. / Adv.
1. (Tempo) *vertigineux, se (Adj.); à une folle allure (adv. Wend.)*

Der Radfahrer vor uns hat vielleicht ein rasantes Tempo drauf!	*Le cycliste devant nous roule vraiment à une vitesse vertigineuse!*

2. (Aussehen) *avoir du chien (verb. Wend.)*

Dein Kollege[FF] Meier hat aber eine rasante Frau.	*La femme de Meier, ton collègue[FF], elle a vraiment du chien.*

recherchieren V. tr. / V. intr.
faire des recherches (verb. Wend.); se documenter (V. refl.)

Ihre Diplomarbeit ist nicht schlecht, aber an manchen Stellen hätten Sie besser recherchieren müssen.	*Votre mémoire n'est pas mauvais, mais, à quelques endroits, vous auriez dû mieux vous documenter[FF] / faire plus de recherches.*

Regal n.
étagère (f.)

Jetzt habe ich mir doch erst neulich ein Regal für meine Aktenordner gekauft und nun ist es schon wieder voll.	*Je viens à peine de m'acheter une étagère pour ranger tous mes classeurs et voilà qu'elle est déjà remplie.*

regieren V. tr.
régner (V. intr.)

Wilhelm II. regierte von 1888 bis 1918.	*Guillaume II a régné de 1888 à 1918.*

rasant, e [rasɑ̃, -ɑ̃t] Adj.
1. (Licht) *flach einfallend;* (Sonne) *tief stehend* (häufig verbal ausgedrückt)

C'est le soir, au coucher du soleil, lorsque la lumière est rasante que je préfère aller me promener sur la plage.	*Am liebsten gehe ich am Abend, wenn die Sonne ganz tief steht, am Strand spazieren.*

2. (ugs. Menschen, Inhalt) *(tod)langweilig*

Comment as-tu trouvé le discours du patron[FF]? – Rasant, horriblement rasant.	*Wie fandest du die Rede des Chefs? – Langweilig, entsetzlich langweilig.*

rechercher [rəʃɛrʃe] V. tr.
(Unterlagen) *zusammensuchen*; (Polizei) *fahnden nach*

La police continue à rechercher pour délit de fuite le conducteur d'une Renault bleue légèrement endommagée.	*Wegen Fahrerflucht fahndet die Polizei nach wie vor nach dem Fahrer eines leicht beschädigten, blauen Renault.*

régal [regal] m.
(a. übertragen) *Delikatesse; Leckerbissen;* (optisch) *Augenweide*

Votre mousse au chocolat est un vrai régal.	*Ihre Mousse au chocolat ist eine wahre Delikatesse[FF].*

régir [reʒir] V. tr.
1. (Gesetze) *regeln; bestimmen*

Les lois qui régissent les relations entre les conjoints devraient de temps à autre être actualisées.	*Die Gesetze, die das Verhältnis zwischen Ehegatten regeln, sollten von Zeit zu Zeit den aktuellen Gegebenheiten angepasst werden.*

2. (Grammatik) *stehen mit; nach … folgt*

Certaines conjonctions régissent le subjonctif.	*Nach manchen Konjunktionen folgt im Französischen der Konjunktiv.*

Register n.
1. (Verzeichnis) *index (m.)*

Das Buch ist sehr informativ; es ist nur bedauerlich, dass es kein Register hat.	*Le livre est très instructif, mais il est seulement regrettable qu'il n'y ait pas d'index.*

2. (amtliches Verzeichnis, kein FF) *registre (m.)*

Handelsregister	*registre du commerce*

Rehabilitation f.
rééducation (f.)

Nach seiner schweren Knieoperation musste er noch für vier Wochen in eine Spezialklinik zur Rehabilitation.	*Après sa grave opération du genou, il a dû aller pendant quatre semaines dans une clinique spécialisée pour y faire de la rééducation.*

reklamieren V. tr.
1. (Beschwerde) *faire une réclamation (verb. Wend.);* (ugs. auch) *réclamer*
2. (Anspruch, Forderung) *exiger (V. tr.);* (schwächer) *réclamer*

einen Freistoß reklamieren	*exiger un coup franc*

Rente f.
retraite (f.)

in Rente gehen eine Rente bekommen	*prendre sa retraite* *toucher une retraite*

Rentner m.
retraité (m.)

Als Rentner hat man wirklich zu nichts mehr Zeit.	*Quand on est retraité, on n'a vraiment plus le temps de rien faire.*

registre [rəʒistr] m.
1. (amtliches Verzeichnis, kein FF) *Register;* s. links, 2. Bedeutung
2. (Musik) *Stimmlage*

un registre aigu / grave	*eine hohe / tiefe Stimmlage*

réhabilitation [reabilitasjõ] f.
1. (juristisch) *Rehabilitierung*
2. (Gebäude, Viertel) *Renovierung; Sanierung*

La réhabilitation de ce quartier[FF] a pris des années.	*Die Sanierung dieses Viertels hat Jahre gedauert.*

réclamer [reklame] V. intr.
1. (Beschwerde, kein FF) *reklamieren;* s. links, 1. Bedeutung
2. (Anspruch, kein FF) *reklamieren;* s. links, 2. Bedeutung

réclamer [reklame] V. tr.
verlangen nach

Oh, écoute Barbara, arrête de pleurer et de réclamer ta maman. Tu sais bien qu'elle vient te prendre ce soir.	*Ach Barbara, jetzt hör doch auf zu weinen und nach deiner Mami zu verlangen. Du weißt doch, dass sie dich heute Abend wieder abholt.*

rente [rãt] f.
(meist Pl.) *Vermögen; Vermögenserträge*

Il ne travaille plus, il vit de ses rentes.	*Er arbeitet nicht mehr, er lebt von seinem Vermögen.*
Aber: une rente viagère	*Leibrente*

rentier [rãtje] m.
Privatier

sich revanchieren V. refl.
1. (Dank) *rendre la pareille (verb. Wend.)*

Danke. Ich hoffe, ich kann mich irgendwann einmal für Ihre Hilfe revanchieren.	*Merci de votre aide et j'espère que je pourrai un jour ou l'autre vous rendre la pareille.*

2. (Sport) *prendre sa revanche (verb. Wend.)*

Mit diesem Sieg hat sich die Mannschaft für die Niederlage im Hinspiel revanchiert.	*Par cette victoire, l'équipe a pris sa revanche après la défaite au match aller.*

Rezept n.
1. (Verschreibung) *ordonnance (f.)*

Dieses Medikament gibt es nur auf Rezept.	*Ce médicament n'est délivré que sur ordonnance.*

2. (Abhilfe) *remède (m.);* s. Medizin, 2. Bedeutung
3. (Küche) *recette (f.)*

rotieren V. intr.
1. (Drehung) *tourner (V. intr.)*
2. (übertragen) *paniquer (V. intr.)*

Vor lauter Arbeit weiß ich gar nicht mehr, wo mir der Kopf steht. Ich rotiere völlig.	*J'ai tellement de travail que je ne sais plus où donner de la tête. Je panique complètement.*

Routine f.
1. (Erfahrung) *expérience (f.); avoir une longue expérience (verb. Wend.)*

Man merkt, dass sie selten mit dem Auto fährt. Ihr fehlt noch die Routine.	*On remarque qu'elle conduit rarement. Elle manque encore d'expérience.*

2. (negativ, kein FF) *routine (f.)*

zur Routine werden	*être une routine*

se revancher [sərəvɑ̃ʃe] V. refl.
(veraltet) *sich revanchieren;* s. links, 1. Bedeutung

recette [rəsɛt] f.
1. (Küche, kein FF) *Rezept;* s. links, 3. Bedeutung
2. (Vorgehensweise, kein FF) *Rezept; Methode*

une recette pour réussir	*ein Erfolgsrezept*

3. (Handel, häufig Pl.) *Einnahme*

Les recettes de cette année ne couvriront pas nos dépenses.	*In diesem Jahr werden die Einnahmen unsere Ausgaben nicht decken.*
la recette journalière	*die Tageseinnahme*

rôtir [rotir] V. intr.
(im Backofen) braten

rôtir un canard	*eine Ente braten*

routine [rutin] f.
1. (negativ, kein FF) *Routine;* s. links, 2. Bedeutung

agir par routine	*routinemäßig handeln*

2. (in Zusammensetzungen, kein FF) *Routine-*

contrôle (m.) de routine	*Routinekontrolle*

Routinier m.
avoir/être du métier (verb. Wend.); ne pas manquer de métier (verb. Wend.)

Er meisterte die Situation souverän. Er ist eben ein Routinier.	*Il a magistralement maîtrisé la situation. C'est qu'il a/est du métier.*

rüde Adj.
grossier, ère (Adj.)

Ich verbitte mir diesen rüden Ton[FF]!	*Je ne tolère pas que vous me parliez sur ce ton[FF] grossier!*

routinier, ère [rutinje, -jɛr] Adj.
1. *monoton; eintönig*

un travail routinier	*eine eintönige / monotone Arbeit*

2. *eingefahren*

Vous êtes trop routinier dans votre façon[FF] de travailler.	*Sie sind zu eingefahren in der Art, wie Sie Ihre Arbeit verrichten.*

rude [ryd] Adj. (stark idiomatisch festgelegt)
1. (Benehmen) *unhöflich*

une réponse rude	*eine unhöfliche Antwort*

2. (Erziehung) *streng*
3. (Arbeit) *hart*

un métier rude	*ein harter Beruf*

4. (Winter) *streng*; (Klima) *rau*

un hiver très rude	*ein sehr strenger Winter*

5. (Oberfläche) *rau*

La surface du granit est rude.	*Granit hat eine raue Oberfläche.*

6. (ugs., immer vor dem Substantiv) *Mords-*

avoir un rude appetit	*einen Mordshunger haben*

salopp Adj. / Adv.
1. (Ausdrucksweise) *en termes quelconques (adv. Wend.)*

Das Ergebnis der Verhandlungen tangiert mich nur peripher oder, salopp gesagt, es ist mir völlig egal[FF], was herauskommt.	*Je ne me sens que légèrement concerné par les résultats des négociations ou, en termes quelconques, ça m'est complètement égal[FF] de savoir ce qui aura été traficoté.*

2. (Kleidung) *décontracté, e (Adj.)*; *décontract (Adj. inv.);* s. leger, 2. Bedeutung

Savoir-vivre n.
art (m.) de vivre

Für ihn ist Savoir-vivre kein leeres Wort.	*L'art de vivre pour lui n'est pas un vain mot.*

schikanieren V. tr.
empoisonner la vie (verb. Wend.); (ugs.) *enquiquiner (V. tr.);* (sehr ugs.) *emmerder (V. tr.)*

Ich kann die Meinung, wonach Schwiegermütter ihre Schwiegertöchter ständig schikanieren, nicht teilen.	*Je ne peux pas partager l'avis selon lequel les belles-mères empoisonnent sans arrêt la vie de leurs brus / enquiquinent leurs brus.*

Serie f.
feuilleton (m.); s. feuilleton, französische Bedeutung

salope [salɔp] f.
1. (sehr vulgär) *Hure*
2. (Schimpfwort) *Miststück*

Quelle salope, ma collègue[FF]! Elle a trouvé le moyen d'aller raconter au patron[FF] que c'était moi qui avais oublié de fermer le coffre-fort.	*Meine Kollegin[FF], dieses Miststück, besitzt doch glatt die Frechheit, dem Chef zu erzählen, dass ich es war, die vergessen hat, den Tresor[FF] zuzumachen.*

savoir-vivre [savwarvivr] m.
Manieren; gutes Benehmen; gute Umgangsformen

avoir du savoir-vivre	*gute Umgangsformen haben*

chicaner [ʃikane] V. tr.
1. *meckern, herumnörgeln*

Mon ancien chef de service chicanait sur tout.	*Mein früherer Chef nörgelte ständig an mir herum.*

2. *Streit suchen*

Notre voisin nous chicane sans arrêt.	*Unser Nachbar sucht den ganzen Tag Streit.*

série [seri] f.
1. (aus mehreren Teilen bestehendes Ganzes) *Serie; Satz; Posten*

série de timbres	*Briefmarkenserie*
des soldes de fins de série	*Ausverkauf von Restposten*

2. (Abfolge) *Reihe von;* (in Zusammensetzungen) *-serie;* (negativ, mit Adj. noire) *Pechsträhne*

une série d'attentats à la bombe	*eine Serie von Bombenattentaten*
La série noire continue.	*Die Pechsträhne hört nicht auf.*

3. (TV, kein FF) *(amerikanische) Fernsehserie*
4. (Herstellung) *serienmäßig*

fabrication en série	*serienmäßige Herstellung*
Aber: équipement de série	*Standardausstattung*

signalisieren V. tr.
signaler (V. tr.)

Die Arbeitgeber signalisierten ihre Bereitschaft zu einem Kompromiss.	*Les patrons[FF] ont signalé qu'ils étaient prêts à accepter un compromis.*

solide Adj. / Adv.
1. (massiv, haltbar, kein FF) *solide (Adj.)*

ein sehr solide gebautes Haus	*une maison construite très solidement*

2. (Leistung) *sérieux, se (Adj.); bon, ne (Adj.);* (Wissen, kein FF) *solide (Adj.)*

Der erste Bewerber machte auf mich einen sehr soliden Eindruck. Außerdem hat er solide Englisch-Kenntnisse.	*Le premier candidat m'a donné l'impression d'être très sérieux. En plus, il a de bonnes / solides connaissances en anglais.*

3. (Lebensweise) *sain, e (Adj.); sage (Adj.)*

ein solides Leben führen	*mener une vie saine / sage*

sortieren V. tr.
trier (V. tr.)

die Wäsche nach Farben sortieren	*trier le linge par couleurs*

sortieren

sortir

signaliser [siɲalize] V. tr.
ausschildern; beschildern

A ce croisement, je me trompe toujours de route parce qu'il est mal signalisé.	*An dieser Kreuzung verfahre ich mich immer, weil sie so schlecht beschildert ist.*

solide [sɔlid] Adj.
1. (massiv, haltbar, kein FF) *solide;* s. links, 1. Bedeutung
2. (Wissen, kein FF) *solide;* s. links, 2. Bedeutung
3. (Nahrung) *fest*
4. (Konstitution) *robust; widerstandsfähig*
5. (Stoff) *strapazierfähig*

une étoffe solide	*ein strapazierfähiger Stoff*

sortir [sɔrtir] V. intr.
1. (örtlich) *hinausgehen aus; verlassen*
2. (Vergnügen) *ausgehen*

Une fois par mois, nous sortons entre collègues[FF].	*Einmal im Monat gehe ich mit meinen Kollegen[FF] aus.*

3. (Unfall) *überstehen*; (Ausbildung) *fertig sein mit*

Ils sont sortis indemnes de ce terrible accident. sortir de l'université	*Sie haben diesen schrecklichen Unfall heil überstanden.* *mit dem Studium fertig sein*

sortir [sɔrtir] V. tr.
(Gegenstand) *herausholen, -fahren aus*; (Produkt) *auf den Markt bringen*

sortir la voiture du garage sortir un nouveau modèle de voiture	*das Auto aus der Garage fahren* *ein neues Automodell auf den Markt bringen*

Souterrain n.
sous-sol (m.)

Wir haben das Souterrain zu einer kleinen Wohnung ausgebaut, die wir als Wochenendwohnung vermieten wollen.	*Nous avons fait du sous-sol un petit appartement[FF] que nous voulons louer le week-end.*

Spektakel m.
tohu-bohu (m.); tintamarre (m.); charivari (m.)

Was ist denn das hier für ein Spektakel! Man versteht sein eigenes Wort nicht mehr.	*Mais, quel tintamarre / tohu-bohu / charivari, ici! On ne s'entend même plus.*

spekulieren V. intr.
1. (berechnend) *agir par spéculation / par calcul (verb. Wend.)*

Ist es nicht rührend, wie sie ihre alte Tante pflegt? – Von wegen rührend! Die spekuliert doch nur auf die Erbschaft.	*La façon[FF] dont elle soigne sa vieille tante est vraiment touchante, non? – Tu parles touchante! Elle ne le fait que par spéculation / par calcul pour obtenir l'héritage.*

2. (Börse, kein FF) *spéculer (V. intr.)*

an der Börse spekulieren	*spéculer en bourse*

souterrain [sutɛrɛ̃] m.
Tunnel; Unterführung; unterirdischer Gang

souterrain, aine [sutɛrɛ̃, -ɛn] Adj.
in Zusammensetzungen (idiomatisch festgelegt):

passage (m.) souterrain	*Fußgängerunterführung*
nappe (f.) d'eau souterraine	*Grundwasser*
essai (m.) atomique souterrain	*unterirdischer Atomversuch*

spectacle [spɛktakl] m.
1. (übertragen) *Schauspiel*

Le lever du soleil en montagne est un spectacle merveilleux.	*Ein Sonnenaufgang in den Bergen ist ein herrliches Schauspiel.*

2. (Theater etc.) *Aufführung; Vorstellung*
3. (in Verbindung mit industrie) *Unterhaltungs-*

l'industrie du spectacle	*Unterhaltungsindustrie*

spéculer [specyle] V. intr.
1. (Börse, kein FF) *spekulieren;* s. links, 2. Bedeutung
2. *setzen auf, fest einplanen*

Si ambitieux, il spécule sur la grave maladie de son supérieur, espérant obtenir son poste[FF].	*Karrieresüchtig wie er ist, setzt er auf die schwere Krankheit seines Vorgesetzten, in der Hoffnung, dessen Posten zu bekommen.*

Standard m.
1. (Qualität) *niveau (m.)*

Lebensstandard	*niveau de vie*

2. (Grundausstattung) *équipement (m.) standard; équipement (m.) de série*

Airbags und Zentralverriegelung gehören bei den meisten Automodellen bereits zum Standard.	*Coussins d'air et verrouillage centralisé font partie de l'équipement standard / de série*[FF] *de la plupart des voitures.*

3. (Norm) *norme (f.)*

dem europäischen Standard entsprechen	*correspondre aux normes européennes*

Station f.
1. (Haltestelle, kein FF) *station (f.) (de métro); station (f.) (d'autobus);* (nur Bus) *arrêt (m.)*
2. (Zwischenstopp) *halte (f.); étape (f.)*

Auf unserer Reise nach Bordeaux haben wir in Blois Station gemacht.	*Lorque nous sommes allés à Bordeaux, nous avons fait une halte / étape à Blois.*

3. (Abteilung im Krankenhaus) *service (m.)*
4. (Beobachtungsstelle, kein FF) *station (f.)*

Wetterstation	*station météorologique*

5. (Lebensablauf) *étape (f.)*

die wichtigsten Stationen im Leben	*les étapes les plus importantes de la vie*

6. (Radio, TV, kein FF) *station (f.)*

Radiostation Sendestation	*station de radio* *station d'émission*

standard [stãdar] m.
1. (Telefon) *Zentrale*[FF]
2. (den Normen entsprechend, inv., adjektivisch gebraucht) *genormt*

Depuis quelques années, les prises[FF] de courant en Europe sont standard.	*Seit einigen Jahren sind Steckdosen europaweit genormt.*

3. (normale Ausführung, kein FF) *Standard-*

le modèle standard	*die Standardausführung*

station [stasjõ] f.
1. (Haltestelle, kein FF) *Station;* s. links, 1. Bedeutung
2. (Beobachtungsstelle, kein FF) *Station;* s. links, 4. Bedeutung
3. (Radio, TV, kein FF) *Station;* s. links, 6. Bedeutung
4. (Ort, Stadt; meist in Zusammensetzungen)

station thermale	*Thermalbad*
station balnéaire	*Seebad*
station de sports d'hiver	*Wintersportort*

5. (technisch; in Zusammensetzungen)

station-service	*Tankstelle*
station d'épuration	*Kläranlage*

stationär Adj. / Adv.
être hospitalisé (wird verbal ausgedrückt)

Dank der enormen Fortschritte in der Medizin[FF] werden heute viele Eingriffe nicht mehr stationär, sondern ambulant[FF] vorgenommen.	*Grâce aux énormes progrès accomplis en médecine[FF], beaucoup d'interventions chirurgicales sont effectuées dans le service ambulatoire des hôpitaux et il n'est donc plus nécessaire d'être hospitalisé.*

strikt Adj. / Adv.
1. (genau) *exact, e (Adj.)*

sich strikt an die zulässige Höchstgeschwindigkeit halten	*respecter exactement la vitesse maximale[FF] autorisée*

2. (Anweisung, kein FF) *strict, e (Adj.)*

Vorschriften strikt einhalten	*observer strictement le règlement*

Substanz f.
1. (Stoff, Materie, kein FF) *substance (f.)*

giftige Substanz	*substance toxique*

2. (Reserven) *miner (V. intr.); ronger (V. intr.)* (wird verbal ausgedrückt)

Nicole sieht momentan aber schlecht aus. – Na ja, Haushalt, Beruf, die Erkrankung ihrer Mutter, der Ärger mit dem Vermieter. Das geht an die Substanz.	*Actuellement, Nicole a vraiment mauvaise mine. – Que veux-tu, sa maison, son travail, la maladie de sa mère, les ennuis avec son propriétaire. Tout ça, ça la mine / la ronge.*

3. (Inhalt) *teneur (f.)*

Sie haben zwar sehr viel geschrieben, aber es ist zu wenig Substanz in Ihrem Referat.	*Bien que votre exposé soit très long, sa teneur[FF] laisse à désirer.*

stationnaire [stasjonɛr] Adj.
unverändert; gleichbleibend

Son état[FF] de santé est stationnaire.	*Sein Gesundheitszustand ist unverändert.*

strict, e [strikt] Adj.
1. (Anweisung, kein FF) *strikt;* s. links, 2. Bedeutung
2. (Haltung) *streng*

recevoir une éducation stricte	*streng erzogen werden*

3. (begrenzte Rahmen) *eng*; (in Verbindung mit minimum) *das Nötigste*

dans la plus stricte intimité familiale	*im engsten Familienkreis*
le sens strict d'un mot	*die engere Bedeutung eines Wortes*
faire le strict nécessaire	*das Allernötigste tun*

substance [sypstɑ̃s] f.
1. (Stoff, Materie, kein FF) *Substanz;* s. links, 1. Bedeutung
2. (Inhalt) *Wesentliches; wesentliche Punkte*

Voici en quelques lignes la substance de la discussion que j'ai eue hier avec le directeur.	*Nachfolgend die wesentlichen Punkte des Gesprächs, das ich gestern mit dem Direktor führte.*
en substance	*im Wesentlichen*

Tablett n.
plateau (m.)

Könntest du bitte das Tablett mit den Gläsern aus der Küche holen?	*Tu pourrais aller chercher le plateau de verres qui est dans la cuisine?*

Tablette f.
comprimé (m.); cachet (m.)

Sylvie, hast du eine Tablette für mich? Ich habe seit heute Morgen rasende Kopfschmerzen.	*Sylvie, tu as un comprimé*[FF] */ cachet à me passer*[FF]*? Depuis ce matin, j'ai un mal de tête atroce.*

tailliert Adj.
cintré, e (Adj.)

Dieses taillierte Kleid macht eine tolle Figur[FF].	*Cette robe cintrée avantage bien la silhouette.*

Takt m.
1. (Rhythmus, musikalische Einheit) *rythme (m.)*
2. (Äußerung) *dire quelques mots* (feste Wendung)*; s'exprimer (V. refl.)*

Vielleicht darf ich zu diesem Thema[FF] als Hauptbetroffener auch ein paar Takte sagen.	*Etant la personne la plus touchée, je peux peut-être dire également quelques mots sur ce sujet.*

3. (Feingefühl, kein FF) *tact (m.)*

keinerlei Takt im Umgang mit anderen Menschen haben	*n'avoir aucun tact dans les relations humaines*

Tank m.
1. (Auto) *réservoir (m.)*

Der Tank meines Wagens fasst maximal[FF] 45 Liter.	*Le réservoir de ma voiture contient au maximum 45 litres.*

2. (großer Flüssigkeitsbehälter, kein FF) *Tank*

tablette [tablɛt] f.
1. (Ausstattung) *Ablage*

la tablette du lavabo	*die Ablage über dem Waschbecken*

2. (Nahrungsmittel) *Tafel; Würfel*

une tablette de chocolat des tablettes de bouillon concentré	*eine Tafel Schokolade* *Brühwürfel, Suppenwürfel*

taillé, e [taje] Adj.
(Körperform, in Verbindung mit en) Adjektiv + *gebaut sein*

Il est taillé en athlète comme son père.	*Er ist so athletisch gebaut wie sein Vater.*

tact [takt] m.
(kein FF) *Takt;* s. links, 3. Bedeutung

tank [tɑ̃k] m.
(großer Flüssigkeitsbehälter, kein FF) *Tank;* s. links, 2. Bedeutung

Tapete f.
papier (m.) peint

War das eine Arbeit, bis wir die Tapete von der Wand abgelöst hatten!	*Quel boulot nous avons eu pour décoller le papier peint!*

Temperament n.
1. (Charakter, kein FF) *tempérament (m.)*

ein aufbrausendes Temperament haben	*avoir un tempérament sanguin*

2. (Elan) *fougue (f.)*

Meine Kollegin[FF] ist sehr dynamisch. Es macht Spaß mit ihr zusammenzuarbeiten, auch wenn manchmal das Temperament mit ihr durchgeht.	*Ma collègue[FF] est très dynamique. C'est très agréable de travailler avec elle, même si, parfois, elle n'arrive pas à contenir sa fougue.*

temperiert Adj.
chambré, e (Adj.)

schlecht temperierter Wein	*du vin mal chambré*

Tempo n.
allure (f.); rythme (m.); cadence (f.)

Also ich setze mich jetzt auf die nächste Bank[FF]. Bei eurem Tempo komme ich nicht mehr mit.	*Bon, je vais m'asseoir un coup sur le prochain banc. Vu votre allure / rythme / cadence, moi, je ne peux plus suivre.*
Er ist mit so hohem Tempo in die Kurve gefahren, dass er ins Schleudern geriet.	*Il a pris le virage à si vive allure qu'il a dérapé.*

tapette [tapɛt] f.
1. *Fliegenklatsche; Mausefalle*
2. Auf Frauen bezogen kann tapette *Klatschbase* bedeuten, auf Männer bezogen *Homosexueller* (vulgär).

tempérament [tɑ̃peramɑ̃] m.
1. (Charakter, kein FF) *Temperament;* s. links, 1. Bedeutung
2. (Finanzierung, in Verbindung mit à) *(auf) Raten*

acheter quelque chose à tempérament	*etwas auf Raten kaufen*
Aber: des mensualités (f.)	*Monatsraten*

tempéré, e [tɑ̃pere] Adj.
gemäßigt

un climat tempéré	*ein gemäßigtes Klima*

tempo [tɛmpo] m.
(Musik) *Zeitmaß;* (Film) *Rhythmus*

Messieurs, voyons, allegretto, vous avez bien lu l'indication de mouvement! Trop souvent, vous ne jouez plus dans le tempo.	*Meine Herren, allegretto ist das Stück überschrieben. Sie fallen immer wieder aus dem Tempo.*

Tenor m.
1. (Betonung auf der letzten Silbe: Stimmlage, kein FF) *ténor (m.)*
2. (Betonung auf der ersten Silbe: Gehalt) *teneur (f.)*

Was war der Tenor seiner Rede?	*Quelle était la teneur de son discours?*

terminieren V. tr.
impartir un délai (verb. Wend.)

Das Stressige in meinem Beruf ist, dass ich immer genau terminierte Aufträge fristgerecht erledigen muss.	*Ce qu'il y a de plus stressant dans mon métier, ce sont les commandes à délai imparti que je dois toujours exécuter en temps voulu.*

Theater n.
1. (Kultur, kein FF) *théâtre (m.)*

ins Theater gehen	*aller au théâtre*

2. (übertragen) *faire des histoires (verb. Wend.)*

Jetzt machen Sie doch nicht wegen der winzigen Schramme an Ihrem Auto so ein Theater!	*Mais, vous n'allez tout de même pas faire tant d'histoires pour une microscopique rayure sur votre voiture!*

ténor [tenɔr] m.
1. (Stimmlage, kein FF) *Tenor;* s. links, 1. Bedeutung
2. (immer in Verbindung mit grand) *Star*

les grands ténors du football	*die Fußballstars*

teneur [tənœr] f.
1. (Gehalt, kein FF) *Tenor;* s. links, 2. Bedeutung
2. (Bestandteil) *Anteil; Gehalt; Wert*

teneur en cholestérol	*Cholesterinwert*
teneur en éléments nutritifs	*Nährstoffgehalt*

terminer [tɛrmine] V.tr.
1. (Arbeit) *beenden; fertig machen; fertig sein (mit)*
2. (Zeitspanne, weitgehend idiomatisch festgelegt) *weitermachen bis; die restliche Zeit verbringen*

Nous avons terminé la fête[FF] chez nous.	*Danach haben wir bei uns weitergefeiert.*
Complètement démuni, il a dû terminer sa vie dans un hospice.	*Völlig verarmt verbrachte er den Rest seines Lebens in einem Obdachlosenasyl.*

théâtre [teatr] m.
1. (Veranstaltung, Ort, kein FF) *Theater;* s. links, 1. Bedeutung
2. (Werke) *sämtliche Dramen; alle dramatischen Werke*

le théâtre de Goethe	*sämtliche Dramen von Goethe*

3. (übertragen) *Schauplatz*

Les environs de Verdun ont été le théâtre de violents combats.	*Das Gebiet um Verdun war Schauplatz heftiger Kämpfe.*

Thema n.
sujet (m.); thème (m.)
Im Gegensatz zu *thème* ist *sujet* vom Inhalt her stärker eingegrenzt; diese Trennung zeigt sich z. B. in der Wendung *passer d'un sujet à un autre. Thème* dagegen wird für umfassendere Inhalte gewählt.

Ich suche ein Buch zum Thema Gedächtnistraining.	*Je cherche un livre ayant pour thème / sujet l'entraînement de la mémoire.*
Ich verstehe überhaupt nicht, warum ich im Aufsatz das Thema verfehlt haben soll.	*Je ne comprends pas du tout pourquoi ma dissertation*FF *serait hors sujet.*

Ton m.
1. (Klang) *son (m.)*
2. (Tonfall, kein FF) *ton (m.)*

Das hättest du auch in einem netteren FF Ton sagen können!	*Tu aurais pu dire cela sur un ton plus aimable!*

3. (Wort) *son (m.)*

Ich bin stark erkältet und bekomme fast keinen Ton mehr heraus.	*Je suis très enrhumé et je n'arrive presque plus à sortir un seul son.*

4. (Farbe, kein FF) *ton (m.)*

harmonisch aufeinander abgestimmte Töne	*des tons qui s' harmonisent bien ensemble*

5. (Material) *argile* (f.)

eine Vase aus Ton	*un vase en argile*

Toupet n.
postiche (m.)

ein Toupet tragen	*porter un postiche*

thème [tɛm] m.
1. (Inhalt, kein FF) *Thema;* s. links
2. (Schule) *Übersetzung von der Muttersprache in die Fremdsprache*
3. (Musik) *Titelmelodie*

le thème musical du film[FF]	*die Titelmelodie des Films[FF]*

ton [tõ] m.
1. (Tonfall, kein FF) *(Umgangs-)Ton, Redeweise;* s. links, 2. Bedeutung
2. (Farbe, kein FF) *Ton;* s. links, 4. Bedeutung

des tons chauds / froids	*warme / kalte Töne*
ton sur ton	*Ton in Ton*

toupet [tupɛ] m.
1. *Haartolle*
2. *Frechheit*

Et de plus, il a eu le toupet de me claquer la porte au nez.	*Und dann besaß er auch noch die Frechheit, mir die Tür vor der Nase zuzuschlagen.*

Tour f.
1. (Berg-, Radtour) *excursion (f.); randonnée (f.)*

eine Bergtour machen	*faire une excursion / randonnée en montagne*

2. (Art und Weise, kein FF) *tour (m.)*

Komm mir bloß nicht auf diese Tour!	*Ah non, pas ce tour-là avec moi!*

trainieren
1. (V. intr.) *s'entraîner (V. refl.)*
2. (V. tr.) *entraîner (V. tr.)*

Wegen der vielen verletzten Spieler wird ihm vorgeworfen, er trainiere die Mannschaft falsch.	*En raison du grand nombre de joueurs blessés, on lui reproche de mal entraîner l'équipe.*

Training
entraînement (m.)

Der Spieler hat sich im Training schwer verletzt.	*Le joueur s'est grièvement blessé à l'entraînement.*

tour [tur] m.
1. (Art und Weise, kein FF) *Tour;* s. links, 2. Bedeutung
2. (Körperform) (Taille) *Umfang;* (Kopf) *Form*

tour de taille	*Taillenumfang*
tour du visage[FF]	*Kopfform*

3. (immer in Verbindung mit faire) *Rundgang; -reise; -fahrt*

faire le tour de la ville	*eine Stadtrundfahrt machen*
faire le tour du monde	*eine Weltreise machen*

4. (Reihenfolge, zeitlich) *Reihe*

A qui le tour?	*Wer ist an der Reihe?*
à tour de rôle	*einer nach dem anderen, nacheinander*

tour [tur] f.
1. *Turm*

la tour Eiffel	*Eiffelturm*

2. *Hochhaus*

traîner [trɛne] V. tr. / V.intr.
1. *hinter sich herziehen*

Paul, ne traîne pas ta chaise, tu vas rayer le parquet!	*Paul, du sollst doch nicht den Stuhl hinter dir herziehen, du verkratzt den Parkettboden!*

2. (örtlich) *herumliegen lassen; herumhängen*; (zeitlich) *trödeln*

Quel bordel[FF] dans sa chambre! Tout traîne partout.	*Welch ein Saustall herrscht in seinem Zimmer! Alles liegt wild durcheinander herum.*
Ne traînez pas! Nous sommes pressés!	*Trödelt nicht so herum! Wir haben es eilig!*

training [trɛniŋ] m.
1. (mental, kein FF) *Training*

training autogène	*autogenes Training*

2. *Trainingsanzug*

traktieren V. tr.
travailler (V. tr.); presser de questions (verb. Wend.)

Die Journalisten traktierten den Studiogast in einer Weise mit Fragen, dass er einem schon richtig Leid tun konnte.	*Sur le plateau, les journalistes ont tellement pressé l'invité de questions qu'il a inspiré la pitié.*

Transparent n.
banderole (f.); calicot (m.)

Die Demonstranten zogen mit großen[FF] Transparenten, auf denen sie einen Ausbau der Radwege forderten, durch die Straßen.	*Les manifestants qui défilaient dans les rues avaient écrit sur leurs larges banderoles / calicots qu'ils exigeaient l'aménagement de pistes cyclables supplémentaires.*

Tresor m.
coffre-fort (m.)

Wertgegenstände und Ausweispapiere können Sie zur Aufbewahrung in den Tresor geben.	*Vous pouvez déposer vos objets de valeur et vos papiers d'identité dans le coffre-fort.*

Trikot n.
maillot (m.)

das gelbe Trikot tragen	*porter le maillot jaune*

tracter [trakte] V. tr.
ziehen

Crois-tu que notre voiture est assez puissante pour tracter la caravane?	*Meinst du, dass unser Auto stark genug ist um den Wohnwagen zu ziehen?*

transparent [trɑ̃sparɑ̃] m.
Folie[FF]*;* s. dort, 2. Bedeutung

transparent, e [trɑ̃sparɑ̃, -ɑ̃t] Adj.
(Wasser) *klar;* (Material) *durchsichtig;* (Vorgehensweise) *transparent; durchschaubar*

trésor [trezɔr] m.
1. (Geld) *Schatz;* (Museum, immer Pl.) *Kunstschätze*
2. (Kosewort) *Schatz; Liebling*

Tresor

trésor

tricot [triko] m.
1. (Handarbeit) *Strickzeug*

Ah, zut, j'ai oublié mon tricot dans le train!	*Verflixt, ich habe mein Strickzeug im Zug liegen lassen!*

2. (Kleidung) *Pullover; Unterhemd*

un tricot fait à la main	*ein handgestrickter Pullover*
mettre un tricot de corps	*ein Unterhemd anziehen*

3. (Branche) *Strickwaren-*

industrie (f.) du tricot	*Strickwarenindustrie*

trivial Adj.
banal, e (Adj.); quelconque (Adj.); moyen, ne (Adj.)

Vom Inhalt her ist dieses Buch absolut trivial.	*Du point de vue de son contenu, ce livre est tout à fait banal / quelconque / moyen.*

Trott m.
train-train (m.)

Tagein, tagaus der gleiche Trott.	*Jour après jour, le même train-train.*

Trubel m.
foule (f.); y avoir un monde fou (verb. Wend.)

War das ein Trubel in der Stadt!	*Il y avait un monde fou en ville!*

turbulent Adj.
agité, e (Adj.)

ein turbulenter Tag	*une journée agitée*[FF]

trivial, e [trivjal] Adj.
(Sachbezug) *ordinär; derb*

plaisanterie (f.) triviale	*ordinärer[FF] / derber Witz*

trotte [trɔt] f.
Stück Weg; Marsch

Ça fait vraiment une bonne trotte d'aller du Louvre à la tour[FF] Eiffel à pied.	*Zu Fuß vom Louvre zum Eiffelturm – das ist ein ganz schöner Marsch.*

trouble [trubl] m.
1. (Gemütszustand) *Angst; Aufregung*

le trouble provoqué par un examen	*Prüfungsangst*

2. (politisch, immer Pl.) *Unruhen*
3. (psychisch, physisch) *Störung*

des troubles de la personnalité	*Persönlichkeitsstörungen*
des troubles intestinaux	*Darmstörung*

trouble [trubl] Adj.
trüb

de l'eau (f.) trouble	*trübes Wasser*

turbulent, e [tyrbylã, -ãt] Adj.
wild; zappelig; unruhig

Cet enfant est vraiment trop turbulent! Il ne peut pas rester une minute en place.	*Das ist vielleicht ein unruhiges Kind! Es kann keine Minute still sitzen.*

Variété n.
music-hall (m.); théâtre (m.) de variétés

Zum Abschluss Ihres Besuchs möchte ich Sie für morgen Abend ins Varieté einladen.	*Pour clore votre visite, j'aimerais vous inviter à aller demain soir au music-hall.*

versiert Adj.
compétent, e (Adj.); averti, e (Adj.); expérimenté, e (Adj.)

Frag doch René, der ist auf diesem Gebiet sehr versiert.	*Demande donc à René, il est très compétent / averti / expérimenté dans ce domaine.*

Visage f.
tête (f.); (sehr niedrige Sprachebene) *gueule (f.)*

Wenn ich nur an diese Typen mit ihren doofen Visagen denke, wird mir schon übel!	*Quand je pense à tous ces types et à leurs têtes / gueules idiotes, j'ai la nausée!*

vital Adj.
1. (fit) *en forme (adv. Wend.)*

Vital bis ins hohe Alter – dank POWERLIFE kein Problem mehr!	*Vous voulez rester en forme jusqu'à un âge avancé[FF]? POWERLIFE, c'est la solution la plus simple!*

2. (wesentlich, kein FF) *vital, e (Adj.)*

Der Schutz der Umwelt ist von vitalem Interesse.	*La protection de l'environnement est d'un intérêt vital.*

Volontär m.
stagiaire (m.); s. Praktikant

variété [varjete] f.
1. (wird adjektivisch ausgedrückt) *abwechslungsreich*

Le cours de Duval manque de variété.	*Der Unterricht von Duval ist alles andere als abwechslungsreich.*

2. (Nahrungsmittel) *Sorte*

Donnez-moi deux kilos de pommes, s'il vous plaît. – De quelle variété?	*Zwei Kilo Äpfel bitte. – Welche Sorte?*

3. (Radio, TV) f. Pl. *Unterhaltungssendung, Show*

versé, e [vɛrse] Adj.
belesen

être versé dans les lettres	*belesen sein*

visage [vizaʒ] m.
Gesichtsausdruck; (a. übertragen) *Gesicht*

Elle a le même visage souriant que sa mère.	*Sie hat den gleichen fröhlichen Gesichtsausdruck wie ihre Mutter.*
le vrai visage d'un pays	*das wahre Gesicht eines Landes*

vital, e [vital] Adj.
1. (wesentlich, kein FF) *vital;* s. links, 2. Bedeutung
2. (Körperfunktion) *lebenswichtig; lebensnotwendig; Existenz-*

Les besoins vitaux de l'homme sont manger, boire et dormir.	*Essen, trinken und schlafen sind für den Menschen lebensnotwendige Bedürfnisse.*
minimum (m.) vital	*Existenzminimum*

volontaire [vɔlɔ̃tɛr] m. / f.
Freiwilliger; freiwilliger Helfer

Weste f.

1. (Strickware) *paletot (m.); gilet (m.) (de laine); cardigan (m.)*

Willst du nicht sicherheitshalber eine Weste in den Koffer[FF] packen? Im August können die Abende schon recht kühl werden.	*Tu ne veux pas par précaution mettre un paletot / gilet (de laine) / cardigan dans ta valise? En août, les soirées peuvent être déjà bien fraîches.*

2. (Anzug) *gilet (m.)*

Superangebote wegen Geschäftsaufgabe! Zum Beispiel: Anzug mit Weste für nur 200 Euro.	*Offres exceptionnelles pour cause de liquidation du magasin! Par exemple: des costumes[FF] avec gilet pour 200 euros seulement.*

3. (zweckgebunden) *gilet (m.)*

kugelsichere Weste	*gilet pare-balles*
Schwimmweste	*gilet de sauvetage*

veste [vɛst] f.
(Damen) *Kostümjacke*; *Blazer* (Herren) *Sakko*

Quand mon mari part en voyage d'affaires[FF], il emporte toujours deux pantalons et une veste au lieu d'un costume[FF], ça lui permet de plus varier son habillement.	*Wenn mein Mann auf Geschäftsreise geht, nimmt er statt eines Anzugs immer ein Sakko und zwei Hosen mit, weil er dann mehr Kombinationsmöglichkeiten hat.*
veste droite / croisée	*Einreiher / Zweireiher*

Weste

veste

Zentrale f.
1. (Telefonzentrale) *standard*[FF] *(m.)*
2. (Taxizentrale) *compagnie (f.) de taxis*

Hallo, Zentrale, bitte schicken Sie ein Taxi in die Hauptstraße 12!	*Allô, c'est la compagnie de taxis? Envoyez une voiture, s'il vous plaît, au 12 de la Hauptstraße.*

3. (Partei, Unternehmen) *direction (f.);* (nur Partei) *bureau (m.)*

Die Parteizentrale wollte die Pressemeldungen weder bestätigen noch dementieren.	*La direction / le bureau du parti n'a voulu ni confirmer ni démentir l'information.*

zivil Adj.
1. (nicht militärisch, bürgerlich, kein FF) *civil, e (Adj.)*

die zivile Luftfahrt	*l'aviation civile*
Zivildienst	*service (m.) civil*
Aber: Zivilcourage	*courage (m.) civique*

2. (moderat) *modéré, e (Adj.); modique (Adj.)*

zivile Preise	*des prix modérés / modiques*

Zivilist m.
civil (m.)

Die Bürgerkriegsparteien schrecken vor Überfällen auf Zivilisten oder Urlauber nicht mehr zurück.	*Les partis de la guerre civile n'hésitent plus à commettre des attentats sur des civils ou sur des vacanciers.*

Zylinder m.
1. (Auto, kein FF) *cylindre (m.)*

ein Sechszylinder	*une six cylindres*

2. (Hut) *haut-de-forme (m.)*

Elegant sah er aus, der Bräutigam, in Frack und Zylinder.	*Quelle élégance que celle du marié en habit et haut-de-forme.*

centrale [sãtral] f.
(Energieerzeugung) *-werk*

centrale thermique	*Wärmekraftwerk*
centrale hydroélectrique	*Wasserkraftwerk*
centrale nucléaire	*Kernkraftwerk*

civil, e [sivil] Adj.
1. (nicht militärisch, bürgerlich, kein FF) *zivil;* s. links, 1. Bedeutung
2. *nicht kirchlich; standesamtlich*

mariage (m.) civil	*standesamtliche Trauung*

3. in Verbindung mit année

année (f.) civile	*Kalenderjahr*

civiliste [sivilist] m. / f.
(Fachsprache, Recht) *Experte für Zivilrecht; Zivilrechtler*

cylindre [silɛ̃dr] m.
1. (Auto, kein FF) *Zylinder;* s. links, 1. Bedeutung
2. (Mathematik, kein FF) *Zylinder*

Brigitte, saurais-tu encore calculer le volume d'un cylindre? – Mais naturellement, ma chère Marie-Noëlle, il suffit de se souvenir de la formule. – Qui est? – $\pi r^2 h$. – Alors, ça, j'en suis bouche bée, tu es imbattable!	*Brigitte, weißt du noch, wie man das Volumen eines Zylinders berechnet? – Selbstverständlich, liebe Marie-Noëlle, man muss sich nur an die Formel erinnern. – Die da lautet? – $\pi r^2 h$. – Also, jetzt bin ich perplex[FF]. Du bist einfach unschlagbar!*

Diese Liste enthält auch grammatisch bedingte Sprachfallen.

abonnieren V. tr.	*s'abonner à (V.refl.)*
Absolvent m.	*diplômé (m.)*
absolvieren V. tr.	(Kurs) *effectuer (V. tr.)*; (Programm) *respecter (V. tr.)*
akkurat Adj.	(Kleidung) *impeccable (Adj.)*
Akkuratesse f.	*soin (m.); précision (f.); minutie (f.)*
Akribie f.	*minutie (f.)*
akribisch Adj.	*minutieux, se (Adj.)*
akut Adj.	*aigu, aiguë (Adj.)*
Akzeptanz f.	*accueil (m.)*
Anonymität f.	*anonymat (m.)*
Aprikose f.	*abricot (m.)*
Asylant m.	*réfugié (m.) (politique)*
Autogramm n.	*autographe (m.)*
bagatellisieren V. tr.	*minimiser (V. tr.)*
Balletteuse f.	*ballerine (f.); danseuse (f.) de ballet*
bandagieren V. tr.	*bander (V. tr.)*
Blamage f.	*honte (f.); humiliation (f.)*
Blockade f.	*blocus (m.)*
Bonität f.	*solvabilité (f.)*
Boykott m.	*boycottage (m.)*
bravourös Adj. / Adv.	*avec brio (adv. Wend.); brillant, e (Adj.)*
brutto Adv.	*brut (Adv.)*
desolat Adj.	*désolant, e (Adj.)*
Diäten Pl.	*indemnités parlementaires (f. Pl.)*
distanziert Adj. / Adv.	*distant, e (Adj.)*
Experiment n.	(Versuch) *expérience (f.);* (übertragen, meist Pl.) *expériences (f. Pl.)*
explodieren V. intr.	*exploser (V. intr.)*
Extrakt m.	*extrait (m.)*
Fabrikat n.	*produit (m.)*
fantasieren V. intr.	*affabuler (V. intr.);* (Fieber) *délirer (V. intr.)*
favorisiert Adj.	*favori, te (Adj.)*
finanziell Adj.	*financier, ère (Adj.)*
florierend Adj.	*florissant, e (Adj.)*

Friseur m.	*coiffeur (m.)*
Frisur f.	*coiffure (f.)*
Gardine f.	*voilage (m.)*
generell Adj. / Adv.	(allgemein gültig) *général, e (Adj.);* (grundsätzlich) *par principe (adv. Wend.);* (pauschal) *en général (adv. Wend.)*
Gondel f.	(Kahn) *gondole (f.);* (Seilbahn) *téléphérique (m.);* (kleiner) *télécabine (f.)*
Gratulant m.	*personne (f.) qui félicite*
Gratulation f.	*félicitations (f. Pl.)*
gratulieren V. intr.	*féliciter (V. tr.)*
Grazie f.	*grâce (f.)*
Hautevolee f.	*gratin (m.); crème (f.)*
Honorar n.	(freie Berufe) *honoraires (m. Pl.)*; (Autor) *droits (m. Pl.) d´auteur*
illusorisch Adj.	*illusoire (Adj.)*
indisponiert Adj.	*souffrant, e (Adj.); indisposé, e (Adj.)*
Inferno n.	*enfer (m.)*
infizieren V. tr.	*infecter (V. tr.)*
inflationär Adj.	(Geldwert) *inflationniste (Adj.)*; (Übermaß) *exagéré, e (Adj.); excessif, ve (Adj.)*
inoffiziell Adj.	*officieux, se (Adj.)*
Inserat n.	*(petite) annonce (f.)*
Interessent m.	(allgemein) *personne (f.) intéressée;* (Kauf) *acheteur (m.)*
Kabarettist m.	*chansonnier (m.)*
Kalkulation f.	(Berechnung) *calcul (m.)*; (Überlegung) *calculs (m. Pl.); estimation (f.)*
kandidieren V. intr.	*se porter candidat (verb. Wend.)*
kassieren V. tr.	(Rechnung) *encaisser (V. tr.)*; (Unangenehmes) *encaisser (V. tr.);*
Katalysator m.	*catalyseur (m.)*
katastrophal Adj.	*catastrophique (Adj.)*
Koffein n.	*caféine (f.)*
kollidieren V. intr.	(Verkehrsmittel) *entrer en collision (verb. Wend.)*; (Interessen) *il y a collision (verb. Wend.)*

Kombination f.	(Speisen) *mélange (m.)*; (Farben) *assemblage (m.)*; (Logik) *raisonnement (m.) par déduction*; (Fußball) *combiner des passes (f.) (verb. Wend.)*; (Kode) *combinaison (f.)*
kommerziell Adj.	*commercial, e (Adj.)*
Kommilitone m.	*camarade (m. / f.) d'études*
Komponist m.	*compositeur (m.)*
Konfekt n.	*confiserie (f.)*
konservativ Adj. / Adv.	(politisch) *conservateur, trice (Adj.); traditionnel, le (Adj.)*
kontrovers Adj. / Adv.	*opposé, e (Adj.); divergent, e (Adj.); contradictoire (Adj.)*
korrupt Adj.	*corrompu, e (Adj.)*
kritisieren V. tr.	*critiquer (V. tr.)*
Kulanz f.	*souplesse (f.); générosité (f.)*
kurios Adj.	*curieux, se (Adj.)*
lädieren V. tr.	(Lebewesen) *blesser (V. tr.)*; (Sachen) *endommager (V. tr.)*
Lappalie f.	*bagatelle (f.)*
Lasur f.	*vernis (m.)*
Lawine f.	(Schnee) *avalanche (f.)*; (übertragen) *faire boule de neige (verb. Wend.)*
Lift m.	*ascenseur (m.)*
Loyalität f.	(Aufrichtigkeit) *loyauté (f.)*; (faires Verhalten) *loyalisme (m.)*
Manko n.	*manque (m.)*
Marzipan n.	(Rohmasse) *pâte (f.) d'amandes*; (Konfekt) *massepain (m.)*
maschinell Adj. / Adv.	(Nahrungsmittel) *industriel, le (Adj.); mécanique (Adj.)*
Material n.	(Rohstoff) *matériaux (m. Pl.)*; (Ausrüstung, Zubehör) *matériel (m.)*; (Unterlagen) *documents (m. Pl.)*
Moderator m.	*présentateur (m.); animateur (m.)*
momentan Adj. / Adv.	(gegenwärtig) *actuel, le (Adj.)*; (vorübergehend) *passager, ère (Adj.)*; *momentané, e (Adj.)*
Moral f.	(sittliche Grundsätze) *morale (f.)*; (Stimmung) *moral (m.)*; (Lehre) *morale (f.)*
Motto n.	*devise (f.); slogan (m.)*
musikalisch Adj.	*musical, e (Adj.); musicien, ne (Adj.)*
Musikant m.	*musicien (m.)*

nerven V. tr.	*énerver (V. tr.)*
netto Adv.	*net (Adv.)*
notorisch Adj.	*notoire (Adj.)*
Obduktion f.	*autopsie (f.)*
obligat Adj.	*obligatoire (Adj.)*
Offerte f.	*offre (f.)*
ominös Adj.	*douteux, se (Adj.)*
Orkan m.	*ouragan (m.)*
Partei f.	(politisch) *parti (m.);* (juristisch) *partie (f.)*
Pastete f.	*pâté (m.)*
Personal n.	*personnel (m.)*
Personalien f. pl.	*état (m.) civil*; (Überprüfung) *nom (m.), prénom (m.), adresse (f.) …*
Plantage f.	*plantation (f.)*
Pokal m.	*coupe (f.)*
Positur f.	*posture (f.)*
Praktikum n.	*stage (m.)*
Präparat n.	*médicament (m.)*
Praxis f.	(Gegenteil von Theorie) *pratique (f.)*; (Erfahrung) *expérience (f.)*; (Arztpraxis) *cabinet (m.)*; (Sprechstunde) *heures (f. Pl.) de consultation*
prinzipiell Adj. / Adv.	*par principe (adv. Wend.)*
privat Adj.	*privé, e (Adj.); personnel, le (Adj.)*
Profi m.	*professionnel (m.); pro (m.)*
Prognose f.	*pronostic (m.)*
Prolet m.	*prolo (m. / f.; Adj. inv.)*
prominent Adj.	*célèbre (Adj.); notoire (Adj.)*
Proviant m.	*provisions (f. Pl.)*
provisorisch Adj. / Adv.	*provisoire (Adj.)*
Quiz n.	*jeu-concours (m.)*
Rabatt m.	(Mängel) *rabais (m.)*; (Menge) *remise (f.)*
rabiat Adj.	*brutal, e (Adj.)*
Rafinesse f.	*raffinement (m.)*
ramponiert Adj.	*abîmé, e (Adj.)*
rebellieren V. intr.	*se rebeller (V.refl.)*
rebellisch Adj.	*rebelle (Adj.)*

reflektieren V. tr.	(Licht) *refléter (V. tr.)*; (Nachdenken) *réfléchir (V. intr.)*
registrieren V. tr.	*enregistrer (V. tr.)*
regulär Adj.	*régulier, ère (Adj.)*; (juristisch) *réglementaire (Adj.)*
regulieren V. tr.	*régulariser (V. tr.)*
sich rentieren (V.refl.)	*être rentable (verb. Wend.)*
Reparatur f.	*réparation (f.)*
resolut Adj.	*résolu, e (Adj.)*
Revier n.	(Jäger) *terrain (m.) de chasse*; (Polizei) *commissariat (m.) de police*
revoltieren V. intr.	*se révolter (V.refl.)*
rigoros Adj.	*rigoureux, se (Adj.)*
riskant Adj.	*risqué, e (Adj.)*
Roboter m.	*robot (m.)*
Rosine f.	*raisin (m.) sec*
routiniert Adj.	*expérimenté, e (Adj.); être du métier (verb. Wend.)*

saisonal Adj.	*saisonnier, ère (Adj.)*
Sakko n.	*veste (f.)*
sanieren V. tr.	(Unternehmen) *assainir (V. tr.)*; (Gebäude) *assainir (V. tr.); rénover (V. tr.)*
Sardelle f.	*anchois (m.)*
schikanös Adj.	*chicanier, ère (Adj.)*
Schickeria f.	*gratin (m.); crème (f.)*
separat Adj. / Adv.	*séparé, e (Adj.); à part (Adv.)*
Seriosität f.	*sérieux (m.)*
signifikant Adj.	*significatif, ve (Adj.)*
skurril Adj.	*drôle (Adj.;* vorangestellt); *bizarre (Adj.)*
Sortiment n.	*assortiment (m.)*
speziell Adj.	*spécial, e (Adj.); particulier, ère (Adj.)*
Spion m.	*espion (m.)*
spontan Adj. / Adv.	*spontané, e (Adj.)*
stabil Adj. / Adv.	*stable (Adj.)*
Stadion n.	*stade (m.)*
Stadium n.	*stade (m.)*
Statist m.	*figurant (m.)*
strapaziös Adj.	*fatigant, e (Adj.)*

Tabelle f.	*tableau (m.); barème (m.)*
talentiert Adj.	*talentueux, se (Adj.)*
Telefonat n.	*communication (f.) téléphonique*

Termin m.	(Treffen) *rendez-vous (m.)*; (Zeitpunkt) *date (f.)*
Toilette f.	*toilettes (f. pl.)*
toupieren V. tr.	*crêper (V. tr.)*
uniformiert Adj.	*en uniforme (adv. Wend.)*
unsympatisch Adj.	*antipathique (Adj.)*
Utensil n.	*ustensile (m.)*
Vase f.	*vase (m.)*
Visier n.	*visière (f.)*
zensieren V. tr.	(bewerten) *noter (V. tr.)*; (verbieten) *censurer (V. tr.)*
Zeremoniell n.	*cérémonial (m.)*
zirka Adv.	*environ (Adv.)*

Tragen Sie den Buchstaben des Lösungswortes für die entsprechende Stelle in jedem Satz ein.

a	matériaux	**g**	cabinet
b	bagatelle	**h**	privée
c	avalanche	**i**	extraits
d	assemblages	**j**	avec brio
e	toilettes	**k**	accueil
f	gondole	**l**	musicienne

1. Prochainement: ouverture d'un ☐ dentaire, docteur Nerf, dentiste, téléphone 12 34 56 70.
2. Propriété ☐ – défense d'entrer.
3. Où sont les ☐, s'il vous plaît?
4. C'est ☐ qu'il est venu à bout de cette délicate situation.
5. Le succès remporté par le nouveau produit dépendra de l' ☐ que lui réserveront les consommateurs.
6. Notre shampoing aux ☐ de plantes apportera brillance et volume à vos cheveux.
7. Faire une promenade en ☐ quand on est touriste à Venise, c'est incontournable.
8. Elle est très vieux jeu dans sa façon de s'habiller, mais le pire, ce sont ses ☐ de couleurs.
9. Mais, arrête de t'énerver pour la moindre ☐!
10. Le Secours en montagne déconseille vivement les randonnées à skis pour risques d' ☐.
11. On remarque immédiatement que votre fille sort d'une famille ☐, elle progresse si rapidement.
12. Nous n'employons que des ☐ d'emballage recyclables.

Versuchen Sie, mit Hilfe der kurzen Erklärung das Falsche-Freunde-Paar zu finden.

Beispiel: Für den Deutschen ist es ein Grund aufzuschauen. –
Für den Franzosen ist es ein Grund abzunehmen.
Lösung: *groß – gros, se*

1. Für den Deutschen ist es mit Arzt und Krankenhaus verbunden. –
   Für den Franzosen ist es ein wohltuendes Getränk.

2. Der Deutsche kann sich darauf ausruhen. –
   Der Franzose muss manchmal vor Schalterschluss hinhetzen.

3. Der Deutsche stellt jede Menge Bücher hinein. –
   Dem Franzosen läuft schon das Wasser im Mund zusammen, wenn er nur daran denkt.

4. Der Deutsche empfindet es als äußerst unangenehm für die Augen. –
   Dem Franzosen zerstört es die Ernte.

5. Der Deutsche kann stürzen, wenn er sie verliert. –
   Der Franzose kontrolliert damit sein Gewicht.

6. Für den Deutschen ist es eine Frau, die es auf sein Auto abgesehen hat. –
   Für den Franzosen ist es untrennbar mit Savoir-vivre verbunden.

7. Der Deutsche zahlt es für die Beförderung von Briefen. –
   Der Franzose trinkt es als Aperitif.

8. Der Deutsche macht es, um sich weiterzubilden. –
   Der Franzose macht es, damit sein Kühlschrank voll wird.

9. Im Deutschen dreht man sich und kommt an kein Ende. –
   Im Französischen wird es dabei braun und knusprig.

10. Für den Deutschen sind es Menschen, die er am liebsten schnell wieder los hätte. –
    Für den Franzosen sind es Sachen, die er auf keinen Fall verlieren möchte.

In diesem Test sollen Sie Sprachfallen entschärfen, die weitgehend in Zusammensetzungen vorkommen. Übersetzen Sie die unterstrichenen Wörter oder Wortteile auf Französisch und tragen Sie die Lösungen waagrecht in die Kästchen ein. Die eingerahmten Buchstaben ergeben dann das Lösungswort.

1. Autogrammjäger
2. Tierversuche
3. Abendkurs
4. Wahlplakat
5. Datenbank
6. Spielautomat
7. Zigarettenautomat
8. Reisdiät
9. Fahrplan
10. Telefonzentrale
11. Arztpraxis
12. Lebensstandard
13. Turnhalle
14. Alufolie
15. Fernsehsendungen
16. Erdbeermarmelade

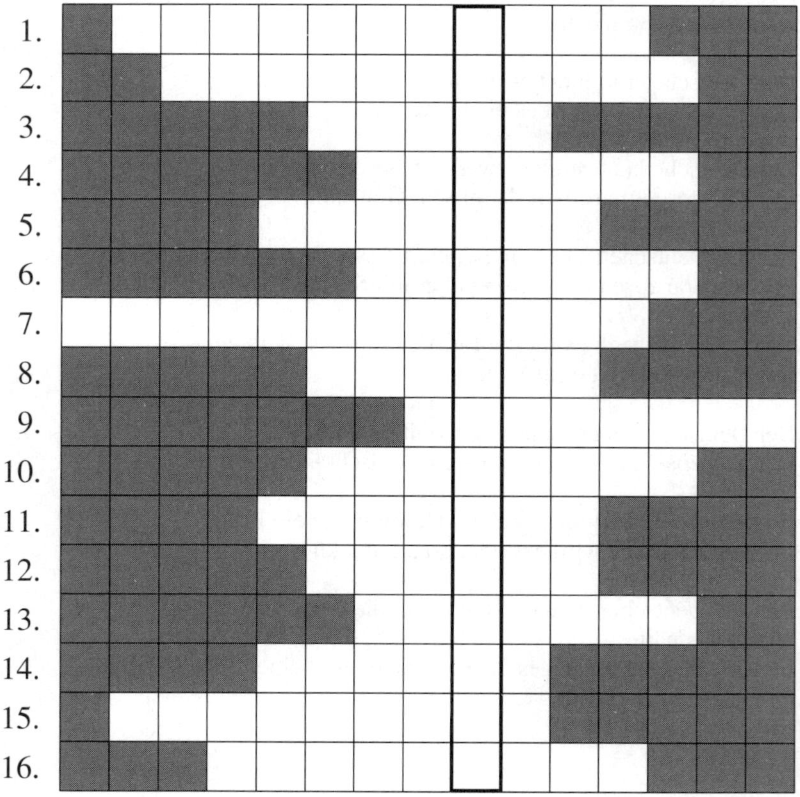

Vrai ou faux? –
Welche Lösung ist richtig? Kreuzen Sie an.

1. attrape
❒ **a** militärischer Schlachtruf
❒ **b** Scherzartikel
❒ **c** Nachbildung

2. gastronome
❒ **a** gastfreundlich
❒ **b** Betreiber eines Lokals
❒ **c** Gourmet / Feinschmecker

3. raquette
❒ **a** Schläger (Sportgerät)
❒ **b** Rakete
❒ **c** würziger Käse aus der Auvergne

4. feuilleton
❒ **a** Fernsehserie
❒ **b** kleiner Notizblock
❒ **c** Kulturteil der Zeitung

5. benzine
❒ **a** Mittel zur Fleckenentfernung
❒ **b** Treibstoff
❒ **c** Kleinwagen einer deutschen Autofirma

6. clavier
❒ **a** kleiner Beistelltisch (im Restaurant)
❒ **b** Tastenfeld / Tastatur
❒ **c** Klavier

7. comprimé
❒ **a** Bauteil für Internet-Zugang
❒ **b** Kurzbericht (Presse)
❒ **c** Tablette

8. couvert
❒ **a** bedeckt (Himmel)
❒ **b** Kopfbedeckung
❒ **c** Briefumschlag

Übersetzen Sie die fett gedruckten Wörter und Ausdrücke. Aber Vorsicht: Die Sprachfalle lautet schwerpunktmäßig „Scheinfranzösisch"!

1. Ich fahre den Wagen in **die Garage**.
2. Wenn Sie noch **spezielle** (a) Fragen zu diesem **Thema** (b) haben, können Sie diese nach dem **Vortrag** (c) stellen.
3. Wegen der schlechten **Prognosen** (a) musste die Firma **Personal** (b) entlassen.
4. Die Polizisten haben den Verdächtigen aufs **Revier** mitgenommen.
5. Auf dieser Studienreise hatten wir jeden Tag ein anstrengendes Programm zu **absolvieren**.
6. In den Semesterferien wird sie ein **Praktikum** in Frankreich machen.
7. Um 10 Uhr habe ich einen **Termin** (a) beim **Friseur** (b).
8. Er **kandidiert** (a) für den Vorsitz seiner **Partei** (b).
9. Das **Sakko** steht dir sehr gut.
10. Die Zuschauer im **Stadion** (a) waren zufrieden. Ihre Mannschaft hatte den **Pokal** (b) gewonnen.

Test 1

1g, 2h, 3e, 4j, 5k 6i, 7f, 8d, 9b, 10c, 11l, 12a

Test 2

1. Infusion – infusion; 2. Bank – banque; 3. Regal – régal; 4. grell – grêle; 5. Balance – balance; 6. Politesse – politesse; 7. Porto – porto; 8. Kurs – courses; 9. rotieren – rôtir; 10. Bagage – bagages

Test 3

1.		A	U	T	O	G	R	A	**P**	H	E	S			
2.			E	X	P	E	R	I	**E**	N	C	E	S		
3.						C	O	U	**R**	S					
4.							A	F	**F**	I	C	H	E		
5.					D	O	N	N	**E**	E	S				
6.							M	A	**C**	H	I	N	E		
7.	D	I	S	T	R	I	B	U	**T**	E	U	R			
8.						R	E	G	**I**	M	E				
9.								H	**O**	R	A	I	R	E	S
10.						S	T	A	**N**	D	A	R	D		
11.					C	A	B	I	**N**	E	T				
12.						N	I	V	**E**	A	U				
13.							G	Y	**M**	N	A	S	E		
14.					P	A	P	I	**E**	R					
15.		E	M	I	S	S	I	O	**N**	S					
16.				C	O	N	F	I	**T**	U	R	E			

Test 4

1b, 2c, 3a, 4a, 5a, 6b, 7c, 8a

Test 5

Verben sind jeweils im Infinitiv angegeben:

1. le garage; 2. (a) particulières, (b) le sujet, (c) la conférence; 3. (a) les pronostics, (b) le personnel; 4. le commissariat de police; 5. respecter; 6. le stage; 7. (a) le rendez-vous, (b) le coiffeur; 8. (a) se porter candidat, (b) le parti; 9. la veste; 10. (a) le stade, (b) la coupe

Register der französischen Wörter

D

E

M

N

O

P

Q

R

S

T

V